下ごしらえ
でラクおかず

中山智恵

マイナビ

はじめに

どんな食材も新鮮なうちに食べるのがベストですが、買ってきてすぐに使いきるのは、難しいこともあります。

そんなときは、とりあえず、塩もみをする、ゆでる、下味をつける……。

忙しくて料理をする時間があまりとれないときでも、簡単な下ごしらえを済ませてからストックしておけば、毎日のご飯作りがとてもラクになります。

食材をそのまま冷蔵庫に入れておくよりも手早く料理に取りかかれますし、使うたびに調理法や味つけを変えられる

ので、自由度が高いのも魅力だと思います。

本書では、保存に向いている下ごしらえを食材別に紹介しました。

下ごしらえ済みの食材を使ったおすすめのレシピのほか、和えるだけですぐにおかずが完成するタレやソースも紹介していますので、いろいろな食材と組み合わせて楽しんでみてください。

晩ご飯やお弁当、晩酌のおともに、いろいろな場面で、何度も本を開いて活用していただけたらうれしいです。

Contents

1章　野菜の下ごしらえ

2章　肉の下ごしらえ

3章　魚貝の下ごしらえ

column

下ごしらえしておけば、
便利なことがたくさん！

1 食材をおいしく保存できる

塩もみするとうまみが凝縮して味がなじみやすくなったり、蒸すと甘味が増したり、下ごしらえをすることで食材のおいしさをキープしたまま保存ができます。

仕込みは簡単なので、2〜3回で使いきるくらいの量を作っておきます。

2 調理時間の短縮になる

いつも材料を切るところからスタートしなければならないと、料理が億劫になることもあります。下ごしらえした食材がストックしてあれば、使いたいときに容器から取り出すだけでOK。

加熱済みのものは火の通りが早く、調理時間の短縮になります。

3 いろいろな料理で自由に使える

下ごしらえした食材は完成品の一歩手前の状態なので、食べるときに再加熱したり、味つけをして仕上げます。

いろいろな料理で自由に使うことができ、炒め物やスープなどの具が足りないときに、ちょっと加えるのにも便利です。

下ごしらえした食材は
こんなふうに使います

晩ご飯に │ おかずを何品も作るのは大変だけど、下ごしらえした食材があれば、短時間で用意できます。
みそ汁の具が足りないときにも活躍します。

干しきのこを切り干し大
根の煮物に（p.152）

鶏肉の塩マリネ
をから揚げに
（p.180）

塩もみ白菜をラーパ
ーツァイに（p.114）

ゆでほうれん草
（p.32）をみそ汁の具に

お弁当に | 下ごしらえした食材にひと手間加えただけで副菜に。ここでイチから作ったものは、豚肉とパプリカの炒め物だけです。時間があれば常備菜も作っておくとさらに充実します。

蒸しゆでブロッコリー
(p.124) を粉チーズを敷いたフライパンで焼いて

塩もみキャベツ
(p.74) をマヨネーズとオリーブ油で和えて

常備菜の煮卵
(p.290)

ゆで鮭を鮭フレークに
(p.240)

本書の使い方

*大さじ1＝15ml、小さじ1＝5ml、1カップ＝200mlです。

*各食材の下ごしらえは作りやすい分量で紹介しています。仕込む量は使いやすいように変えてもよいですが、加熱時間や調味料の分量はそのつど調整してください。

*保存期間は目安です。食材の鮮度や季節により異なるので表示の期間を目安に判断してください。

*ゆでたり、蒸したりしたものは、冷蔵庫から出してそのまま使うと味が入りにくいことがあるので、それらは温めてから調理します。

*「だし汁」は昆布とかつお節、煮干しなど好みのものを使用してください。

数ある野菜の中から、
季節を問わずに手に入る定番のものを選びました。
2つの下ごしらえを紹介しているものは、
好みでチョイスしたり、
両方作って食べ比べてみてください。
ゆでたほうれん草、塩もみしたキャベツ、
蒸したじゃがいもなど、
下ごしらえした野菜が冷蔵庫にあれば、
忙しいときの心強い味方になります。

第 **1** 章

野菜の
下ごしらえ

にんじん

にんじんの鮮やかなオレンジ色は、いろいろな料理に彩りを添えます。塩もみは生ですぐに使えて、ほかの素材ともなじみやすいです。
丸ごと蒸すと、甘味が増してぐっとおいしくなります。

塩もみ
【保存】冷蔵庫で
2〜3日

蒸す
【保存】冷蔵庫で
3〜4日

塩もみにんじん

サラダや和え物のほか炒め物などの具にも

材料　作りやすい分量
にんじん　2本（1本150g）
塩　小さじ1/2

1

にんじんは皮をむき、斜めに薄切りにしてから細切りにする。

2

1をボウルに入れて塩をふり、全体になじませる程度にさっともみ、保存容器に入れる。

memo
塩でもむと水分が抜けて甘味が引き出され、しんなりして味のなじみがよくなります。最初に斜め薄切りにしてから細切りにすると、長さや幅を調整しやすく切りやすい。太さはバラバラでも食感が楽しいので、あまり神経質にならなくても大丈夫です。

蒸しにんじん

好きな大きさに切っておかず
の彩りに

材料　作りやすい分量
にんじん　2本

1

にんじんはよく洗い、蒸気の上
がった蒸し器に入れて20〜30分
蒸す。

2

竹串がスッと通るくらい柔らか
くなったら、冷まして保存容器
に入れる。

memo
切ってから蒸してもよいですが、皮つきのまま丸ごと蒸すと甘味が増し、
調理のときに好きな大きさに切れるのも便利。冷めると手で皮がむけるの
で皮と実の間のおいしさも逃しません。このままオーブン焼きにしてハー
ブやオイルをかければメイン料理にも。

塩もみにんじんで

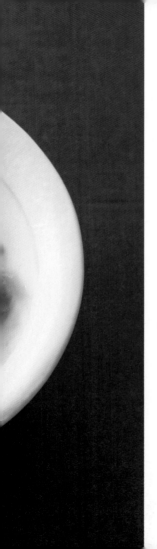

にんじんラペ

材料　2人分
塩もみにんじん（p.20）
　　　1/2本分
レーズン　小さじ1
A｜白ワインビネガー・
　｜オリーブ油　各大さじ1
　｜しょうがのすりおろし
　｜　小さじ1
塩・こしょう　各少々

作り方
1　レーズンは柔らかくなる
　　まで水に浸けておく。
2　水気を絞った塩もみにん
　　じんと1をボウルに入れ、
　　Aを加えて和え、塩、こ
　　しょうで味を調える。

炒めにんじん

材料　2人分

塩もみにんじん (p.20)
　　　1/2本分
ごま油　少々
いりごま（白）　適量

作り方

1　フライパンにごま油を中火で熱し、
　　水気を軽く絞った塩もみにんじん
　　を炒める。

2　にんじんのオレンジ色が少し黄色
　　っぽくなったら（甘味が出てくる）、
　　ごまをふって混ぜる。

＊炒めることでしっとりした食感に変わるので、
生の食感と食べ比べてみてください。ごまの風
味もポイント。

にんじんの白和え

材料　2人分

塩もみにんじん（p.20）
　　1/2本分
木綿豆腐　1/8丁（約40g）
A｜練りごま　小さじ1
　｜白みそ　小さじ2
　｜薄口しょうゆ・
　｜　煮きりみりん（下記）各少々

＊煮きりみりん…みりんを火にかけて沸騰
させるか電子レンジで加熱し、アルコール
分をとばしたもの。風味にコクが増す。

作り方

1　豆腐は水きりをし、す
　り鉢などですりつぶ
　し、Aを混ぜ合わせる。

2　水気を絞った塩もみに
　んじんを1に加えて和
　える。

＊水分が抜けてほどよくしんな
りした塩もみにんじんは味がな
じみやすく、和え物もおいしく
作れます。

蒸しにんじんで

豚から揚げと
にんじんの南蛮漬け

材料　2人分

豚こま切れ肉　100g
蒸しにんじん（p.21）　1本
玉ねぎ　1/4個

A｜塩・こしょう
　　　各少々
　｜酒　大さじ1
　｜しょうがの絞り汁
　　　小さじ1

B｜だし汁　大さじ4〜5
　｜酢　大さじ3
　｜砂糖・しょうゆ
　　　各大さじ1と1/2
　｜赤唐辛子（種を除いて
　　　小口切りにする）　1本

片栗粉・サラダ油　各適量

作り方

1　蒸しにんじんは好みで皮をむいて1cm厚さの輪切りに
　　し、玉ねぎは薄切りにする。ボウルに豚肉を入れてA
　　をもみ込み、8〜10等分に丸める。

2　Bは合わせて耐熱容器に入れ、600Wの電子レンジで
　　1分ほど加熱する。バットなどに移し、玉ねぎを浸す。

3　フライパンに多めのサラダ油を熱し、にんじんを素揚
　　げして2に浸す。豚肉は片栗粉をまぶし、同じ油でき
　　つね色になるまで揚げて同様に浸す。ときどき裏返し
　　ながら15分ほどおいて味をなじませる。

＊素揚げした蒸しにんじんはしっとりと柔らかく、中までしっかり味
がしみ込みます。から揚げも薄切り肉なら火の通りが早く、短時間で
作れます。

にんじんスープ

材料　2人分

蒸しにんじん(p.21)　1本　　　オレンジ果汁（またはオレンジ
玉ねぎ　1/4個　　　　　　　　　ジュース）　50ml
水　300ml　　　　　　　　　　塩・オリーブ油　各少々
牛乳　200ml

作り方

1　蒸しにんじんは好みで皮をむき、大きめに切る。玉ね
　　ぎは繊維と垂直に薄切りにする。

2　小鍋に水と玉ねぎを入れて火にかけ、玉ねぎがくたっ
　　として甘味が出るまで弱火で10分ほど煮る。

3　ミキサーに2とにんじんを入れ、なめらかになるまで
　　攪拌したら、鍋にもどす。

4　牛乳を加えて弱火にかけ、温まったらオレンジ果汁を
　　加える。塩で味を調え、仕上げにオリーブ油をたら
　　す。

＊下ごしらえしたにんじんは、すぐミキサーにかけられます。スープ
を冷やし、オレンジの果肉やおろししょうがを加えてもおいしい。

ほうれん草

ほうれん草などの青菜は、そのままおいておくとしなびてしまいます。あっという間に火が通るので、まとめてゆでておきましょう。副菜のほか、みそ汁や麺、チャーハンに加えたりと使い勝手は抜群です。

ゆでる

【保存】冷蔵庫で
3〜4日

ゆでほうれん草

調味料を和えるだけで
副菜になります

材料　作りやすい分量
ほうれん草　1束（300g）
塩　少々

1

ほうれん草は茎の部分を洗い、
みずみずしく、パリッとするま
で水に浸す。

2

鍋にたっぷりの湯を沸かし、塩
を加える。

3

4

ほうれん草を半量ずつ入れ、色
鮮やかになったら裏返し、さっ
とゆでて取り出す。

水を張ったボウルに入れて冷ま
し（水を何度か取り替える）、軽
く水気を絞って食べやすい長さ
に切り、保存容器に入れる。

memo
水に浸けておくと葉がみずみずしく蘇ります。塩を加えて沸点を上げ、沸
騰した湯に半量ほどを入れて色鮮やかになったらすぐに取り出します。水
気はギュッと絞りきらず、茎を持って葉に向かってやさしく絞りましょう。
小松菜、青梗菜、春菊などでも。

ゆでほうれん草で

34

ほうれん草ナムル

材料　2人分
ゆでほうれん草 (p.32)
　　1/2束分
長ねぎのみじん切り
　　10cm長さ分
おろしにんにく・塩・
　　いりごま（黒）　各少々
ごま油　大さじ1と1/2

作り方

1　ボウルにゆでほうれん草、長
　　ねぎのみじん切り、おろしに
　　んにくを入れて混ぜる。
2　塩、ごま油を加え、仕上げに
　　ごまを加えて和える。

＊炒めにんじん (p.24) やひき肉炒めとと
もにのりで巻いて（たくあんを入れても）
キムパ（韓国風のり巻き）にしてもおいし
い。

ほうれん草、ベーコン、じゃこのチャーハン

材料　2人分

ゆでほうれん草 (p.32)　　　　酒　大さじ1
　1/4 束分　　　　　　　　　バター　10g
温かいご飯　茶碗2杯分　　　しょうゆ・塩・
ベーコン　1枚　　　　　　　　こしょう　各少々
溶き卵　1個分　　　　　　　サラダ油　適量
ちりめんじゃこ
　大さじ1と1/2

作り方

1　ゆでほうれん草は粗みじん切りにし、ベーコンは1cm幅に切る。

2　フライパンにサラダ油を熱し、溶き卵を流し入れ、ふんわりかき混ぜて半熟の状態で取り出す。

3　同じフライパンにサラダ油少々を加え、ベーコンを炒める。ご飯を加えて強めの中火で炒め合わせ、全体がなじんだら、ちりめんじゃこ、ほうれん草を加え、酒をふってさっと炒める。

4　2を加えて炒め合わせ、パラパラになったらバターを加え、鍋肌にしょうゆをたらして塩、こしょうで味を調える。

＊じゃこをじゃこ酢オイル (p.156) に替えるとさっぱりチャーハンに。青じそや、スイートチリソース、レモン汁も合います。

ほうれん草キーマカレー

材料　2人分

ゆでほうれん草 (p.32)　　　　トマトのざく切り
　1/2束分　　　　　　　　　　　1/2個分
合いびき肉　100g　　　　　　　酒・カレー粉
ひよこ豆（水煮）　100g　　　　各大さじ1
A｜ にんにく・しょうがの　　　みそ　小さじ2
　　　みじん切り　各1/2片分　　塩・こしょう・ガラム
　　玉ねぎのみじん切り　　　　　　マサラ　各少々
　　　1/4個分　　　　　　　　　サラダ油　大さじ1
　　にんじん・セロリの　　　　　温かいご飯　2皿分
　　　みじん切り　各1/4本分

作り方

1　ゆでほうれん草は水50ml（分量外）とともにミキ
　　サーで攪拌し、ピュレ状にする。

2　フライパンにサラダ油を熱し、中火でにんにく、しょ
　　うがを炒め、香りが出てきたら残りのAを加え
　　る。しんなりしてきたら、合いびき肉を加えて炒
　　め、酒を加えて塩、こしょうをする。

3　肉の色が変わったらカレー粉、ガラムマサラを加
　　えてさっと炒め、トマトを加えてつぶしながらさら
　　に炒め、1と水気をきったひよこ豆を加えて混ぜる。

4　みそ、水50ml（分量外）を加えて混ぜ、とろりと
　　するまで煮詰める。皿に盛ったご飯にかける。

ほうれん草の煮浸し

材料　2人分

ゆでほうれん草 (p.32) 　　1/2束分	A　だし汁 　　　200ml
油揚げ　1/2枚	酒・みりん 　　　各小さじ2
	薄口しょうゆ 　　　小さじ1
	塩　少々
	かつお節　適量

作り方

1　油揚げは熱湯をかけて油抜きをし、食べやすい大きさに切る。

2　鍋にAを入れて中火にかけ、沸騰してアルコール分がとんだらバットなどに入れ、1とゆでほうれん草を浸して冷めるまでおく。器に盛り、かつお節をのせる。

ご　　ぼ　　う

ごぼうは香りがよいの
で皮つきのまま使います。
大きめに切ってゆでて
おけば、あとで細切り
にするのもラクです。
だしが出る野菜なの
で、昆布だしに浸け
て浸け汁も利用します。

ゆでる

【保存】冷蔵庫で
3〜4日

43

ゆでごぼう

煮物や揚げ物、炒め物やサラダなどに

1

ごぼうはたわしなどで土をきれいに洗い、5cm長さに切る（太ければ縦半分にする）。水を何度か替えながら洗い、アクを抜く。

材料　作りやすい分量

ごぼう（50cm長さくらいのもの）
　　2本（1本200g）
酒　大さじ1

昆布だし ┃ 昆布（3cm角）2枚
　　　　 ┃ 水　400ml

2

鍋にごぼうとかぶるくらいの水
を入れて強火にかけ、ひと煮立
ちしたら火を弱めて5分ほどゆ
で、水気をきる。

3

昆布だし（昆布を水に浸けたも
の）と酒を保存容器に入れ、2
を浸ける。

memo
ゆでてそのまま保存してもよいですが、昆布だし（水だけだと味が抜けて
水っぽくなる）に浸けるとごぼうからもおいしいだしが出るので、浸け汁
も煮物などに使えて一石二鳥。冷蔵庫に入れるとかたくなるので、浸け汁
といっしょに温め直してから使います。

ゆでごぼうで

たたきごぼうの
ごま酢和え

材料　2人分

ゆでごぼう（p.44）　1/2本分

A　半ずりごま
　　　（またはすりごま）大さじ2
　　メープルシロップ
　　　小さじ1と1/2〜小さじ2
　　しょうゆ・酢　各小さじ2

作り方

1　ゆでごぼうは浸け汁少々と
　　ともに耐熱容器に入れ、
　　600Wの電子レンジで1分ほ
　　ど加熱して水気をふき取る。

2　1を麺棒などでたたき、ボウ
　　ルに入れる。あつあつのう
　　ちにAを順に加えて和える。

ごぼうの
クリーミーサラダ

材料　2人分

ゆでごぼう (p.44)
　　1/2本分
ハム　1〜2枚
酒・塩・酢
　　各少々

A　マヨネーズ
　　大さじ1と1/2〜2
　　粒マスタード
　　小さじ1
しょうゆ・こしょう　各少々
パセリのみじん切り　適量

作り方

1　ゆでごぼうとハムは細切りにする。

2　フライパンを熱してごぼうをさっと炒め、酒
　　をふる。ボウルに入れ、熱いうちに塩、酢を
　　加えて混ぜ、粗熱を取る。

3　2にAとハムを入れて和え、しょうゆ、こし
　　ょうで味を調える。器に盛り、パセリをふる。

＊ゆでごぼうを使えば、ごぼうサラダも簡単。炒めること
で味がなじみやすく、食感もよくなります。カレー粉をほ
んの少し加えてもおいしいです。

ごぼうの肉豆腐

材料　2人分

ゆでごぼう（p.44）
　　1/2本分
牛こま切れ肉　100g
砂糖　大さじ1/2
豆腐　1/2丁（150g）
わかめ（乾燥）
　　大さじ1

だし汁　200ml
A｜しょうゆ・みりん
　｜　各大さじ1と1/2
　｜しょうがのせん切り
　｜　1片分
ごま油　大さじ1/2

作り方

1　ゆでごぼうは斜め薄切りにする。牛肉はボウ
　　ルに入れ、砂糖をもみ込む。豆腐は軽く水き
　　りをする。わかめは水に浸けてもどす。

2　鍋にごま油を中火で熱して牛肉を炒め、色が
　　変わったらだし汁とごぼうを加える。ひと煮
　　立ちしたら火を弱め、1〜2分煮る（アクが出
　　たら取り除く）。

3　Aを加え、豆腐を大きいスプーンなどですく
　　い入れ、水気をきったわかめを加えて3分ほど
　　煮る。

＊砂糖を揉みこんでおくと肉が柔らかくなります。でき上が
ったら時間をおいてなじませると、味がしみてよりおいしく
なります。

梅ごぼうのパン粉揚げ

材料 2人分

ゆでごぼう (p.44)　　　水溶き小麦粉・
　1/2本分　　　　　　パン粉・サラダ油
梅干し　1~2個　　　　各適量

作り方

1　ゆでごぼうは太ければ半分に切り、浸
　　け汁少々とともに耐熱容器に入れ、
　　600Wの電子レンジで40秒ほど加熱す
　　る。梅干しは種を除いてたたく。

2　ごぼうの水気をふき、たたいた梅を和
　　え、水溶き小麦粉、パン粉の順に衣を
　　つける。

3　フライパンに多めのサラダ油を熱し、
　　2を揚げ焼きにする。

＊梅干しと和えて揚げるだけ。カリッと香ばしいご
ぼうは、おつまみにもぴったりです。ご飯にも合う
のでお弁当のおかずにもおすすめ。

野菜の
ドレッシング
＆和え衣

塩もみしたり、ゆでたり
蒸したりした野菜がスト
ックしてあれば、ドレッ
シングや和え衣と和える
だけで、すぐにサラダや
和え物が完成します。
市販のものだと使いきる
まで時間がかかりますが、
手作りなら量を自由に調
整できるので、そのつど
味を変えて楽しめます。

マスタード
ドレッシング

材料　作りやすい分量

粒マスタード　大さじ1
酢　大さじ3
塩　小さじ1
砂糖・こしょう　各少々
オリーブ油　大さじ6

作り方

すべての材料を混ぜ合わせる。冷蔵庫で1週間ほど保存可能。

＊万能ドレッシング。生野菜に和えるのはもちろん、焼いた野菜にかけてもおいしいです。

玉ねぎ
ドレッシング

材料　作りやすい分量

玉ねぎのすりおろし
　　大さじ1
酢　大さじ2
塩　小さじ1/2
こしょう　少々
サラダ油　大さじ5

作り方

すべての材料を混ぜ合わせる。冷蔵庫で1週間ほど保存可能。

＊葉もの野菜にかけたり、コールスローやポテトサラダの下味に。和風にするならしょうゆを加えて。

ピリ辛エスニック
ドレッシング

材料 作りやすい分量
ナンプラー　大さじ1と1/2
酢　大さじ2
豆板醤　小さじ1〜1と1/2
砂糖　少々
いりごま（白）　小さじ2
ごま油　大さじ4

作り方
すべての材料を混ぜ合わせ
る。冷蔵庫で1週間ほど保存
可能。

＊サラダのドレッシングとしてだけ
でなく、生春巻きや餃子のタレとし
ても使えます。

ごま
マヨネーズ

材料 作りやすい分量
すりごま（白）　大さじ4
砂糖・しょうゆ
　　各大さじ1と1/2
マヨネーズ　大さじ2

作り方
すべての材料を混ぜ合わせ
る。冷蔵庫で3日ほど保存可
能。

＊まろやかでこっくりとした味わい
で、塩もみやゆでた野菜との相性抜
群。炒め物の調味にも。

クリームチーズ
みそ

梅甘酢

材料　作りやすい分量
クリームチーズ　60g
みそ　小さじ2
砂糖　少々

材料　作りやすい分量
梅肉・水　各大さじ2
砂糖　小さじ1
酢　大さじ1

作り方
すべての材料を混ぜ合わせ
る。冷蔵庫で3日ほど保存可
能。

作り方
すべての材料を混ぜ合わせ
る。冷蔵庫で3日ほど保存可
能。

＊ゆでたいんげんやスナップエンド
ウ、ブロッコリーなど、歯ごたえの
ある緑野菜とよく合います。

＊ゆでた葉野菜やトマトなどに和え
るとおいしく、梅のフルーティーさ
が際立ちます。

大根

大根は丸ごと1本買って
も、すぐに使いきるのは
大変です。
甘味のある葉側は、生
で食べるとき用に塩もみに。
太さのある真ん中はゆで
ておくと、煮物も気軽に
作れます。

塩もみ
（薄切り・拍子木切り）
【保存】冷蔵庫で2〜3日

ゆでる
【保存】冷蔵庫で3〜4日

塩もみ大根

そのまま和え物やサラダ、
マリネなどに

材料　作りやすい分量
大根　1/4本（250g）
塩　小さじ1弱

1

薄切り：大根はピーラーなどで
皮をむき、縦半分にしてから薄
切りにする。
拍子木切り：大根はピーラーな
どで皮をむき、3〜4cm長さの
拍子木切りにする。

2

1をボウルに入れて塩をまぶし、
軽くもんで保存容器に入れる。

memo
切り方で食感が変わるので好みで変えてみてください。薄切りはあとでい
ちょう切りや細切りにできて便利です。輪切りにして生ハムなどを巻けば
ちょっとした前菜にも。拍子木切りは厚みがあるため食べごたえがあり、
大根の甘味もしっかり味わえます。

ゆで大根

煮物やおでん、スープや
カレーの具に

材料　作りやすい分量

大根　1/2本
米のとぎ汁　適量

昆布だし
　　昆布（3cm角）　2枚
　　水　400ml

1	2	3

大根は3cm厚さの
輪切りにし、厚めに
皮をむいて十字に隠
し包丁を入れる。鍋
に大根とかぶるくら
いの米のとぎ汁を入
れる。

強火にかけ、ひと煮
立ちしたら火を弱め
て竹串がスッと通る
まで20分ほどゆで
る。流水で洗い、ざ
るに上げて冷ます。

さっと温めた昆布だ
しをバットに入れて
2を浸け、冷めたら
だしごと保存容器に
入れる。

memo
米のとぎ汁に含まれる米ぬかがアクを取る役割をしてくれます。えぐみが
抜けて甘味が増し、白くきれいにゆで上がります。味がしみ込みやすいよ
うに隠し包丁を入れ、昆布だしに浸けて昆布のうまみを移しておくと、調
理のときに味がなじみやすくなります。

塩もみ大根で

大根
カルパッチョ

材料　2人分

塩もみ大根（薄切り p.60）　1/8本分

A　｜　おろしにんにく・塩・
　　　　黒こしょう・レモン汁　各少々
　　　　オリーブ油　大さじ1

生ハム　1枚

作り方

1　ボウルに軽く水気を絞った塩も
　　み大根を入れ、Aとちぎった生ハ
　　ムを加えて和える。

2　皿に盛り、好みでレモンの皮の
　　すりおろし少々（分量外）を散
　　らす。

＊生ハムのほか白身の刺身やタコなども合い
ます。レモンスライスを飾っても。

大根もち

材料 2人分

塩もみ大根
　（薄切り p.60）
　1/8本分
干しえび
　大さじ1と1/2

A　｜　上新粉
　　　　　70g（約1/2カップ）
　　　片栗粉　大さじ2
　　　砂糖　小さじ1/2
　　　塩　少々
　　　水　大さじ4〜5
　　　（あれば干しえびの
　　　　もどし汁を合わせる）
ごま油　大さじ2
黒こしょう・香菜　各適量

作り方

1　塩もみ大根は細切りにし、水気を絞る。干
　　しえびは湯でもどし、みじん切りにする。

2　ボウルにAを入れて混ぜ合わせ、1を加えて
　　混ぜ、ラップで包んで600Wの電子レンジ
　　で2分ほど加熱する。

3　2を軽く練り、ラップを開いて好みの厚さに
　　伸ばし、食べやすい大きさに切る。

4　フライパンにごま油を熱し、3を両面に焼き
　　目がつくまで焼く。器に盛り、黒こしょうを
　　ふり、香菜を添える。

塩もみ大根のたらこ和え

材料　2人分

塩もみ大根（拍子木切り
　p.60）1/8本分

A｜いりごま（白）・
　｜　はちみつ
　｜　各小さじ1
　｜おろしにんにく・
　｜　おろししょうが
　｜　各1/2片分

たらこ（薄皮を取
　り除いたもの）
　大さじ1と1/2
りんごのすりおろし
　大さじ1
粗びき唐辛子　適量

作り方

1　塩もみ大根は水気を絞ってボウルに入れ、
　　Aを順に加えて和える。

2　器に盛り、好みで粗びき唐辛子をふる。

ゆで大根で

ブリ大根

材料　2人分

ブリ　2切れ
ゆで大根（p.61）
　　1/4本分
昆布だし（あればゆで
　大根の浸け汁でも
　可）　350ml
砂糖　大さじ1と1/2

みりん・しょうゆ
　各大さじ2
練りがらし　適量
柚子の皮のせん切り
　適量（あれば）

作り方

1　ブリは熱湯をかけて霜降りにし、冷水にと
　　って臭みを洗い流し、水気をふいて1切れ
　　を2〜3等分に切る。ゆで大根は半分に切る。

2　鍋に昆布だしと大根を入れて中火にかけ、
　　大根が温まったらブリと砂糖を加えて3分ほ
　　ど煮る。

3　みりんとしょうゆを加えて落としぶたをし、
　　煮汁に照りが出てとろりとするまで10分ほ
　　ど煮る。

4　器に盛り、練りがらしを添え、あれば柚子
　　の皮を飾る。

＊大根といえば作りたくなる定番のおかずです。大根に火
が通っているので煮る時間が短くても、中までしっかり味
がしみ込みます。

大根と厚揚げの煮物

材料　2人分

ゆで大根 (p.61)　　　　A	酒　大さじ2
1/4本分	みりん　大さじ1
厚揚げ　1枚	薄口しょうゆ
煮干し　6尾	小さじ2
水　400ml	塩　小さじ1/2

作り方

1　厚揚げは熱湯をかけて油抜きをし、食べ
　　やすい大きさに切る。

2　煮干しは頭と腹を取り、小鍋に水ととも
　　に入れて中火にかける。沸騰したら、ゆ
　　で大根と1、Aを加える。

3　再び煮立ったら火を弱め、落としぶたを
　　して15〜20分煮る（一度冷まして食べる
　　ときに温め直すと、より味がしみる）。

＊煮干しをいっしょに煮れば、だしを取らなくてもいい
ので手軽です。厚揚げはうまみがあり、ボリュームも出
るので煮物におすすめ。

キャベツ

キャベツは生のままでも加熱してもおいしく、おかずやスープに加えるとボリュームが出て重宝します。塩もみにすればかさが減るので、たっぷりと食べられます。

塩もみ
【保存】冷蔵庫で2〜3日

塩もみキャベツ

ちょっと野菜が足りない
ときに大活躍

材料　作りやすい分量

キャベツ　1/4個（300g）
塩　小さじ1/2

1

キャベツは芯を取り、半分に切
って5mm幅の細切りにする。

2

浅めの保存容器に1を入れて塩
を全体にまぶし、さっと和える。

memo
細く切りすぎず、5mm幅くらいにすると食べごたえがあります。水分が出
やすく、時間をおくと自然としんなりしてくるので塩をまぶしたらさっと
和える程度でOK（すぐに食べる場合はしんなりするまでもむ）。ほかの素
材となじみがよく、短時間で火が通ります。

塩もみキャベツで

コールスロー

材料　2人分
塩もみキャベツ (p.74)　1/8個分
紫玉ねぎ　1/6個
A｜マヨネーズ・オリーブ油
　　　　各大さじ1/2
　｜砂糖　ひとつまみ
　｜塩・粒マスタード　各少々
クレソン　適量

作り方

1　紫玉ねぎは薄切りにし、塩少々（分
　　量外）をもみ込んで4〜5分おく。
　　水分が出てきたら、さっと洗って
　　水気を絞る（辛めが好みの方は洗
　　わなくてもよい）。

2　ボウルに水気を絞った塩もみキャ
　　ベツと1を入れ、Aを加えて混ぜ、
　　味を調える。

3　器に盛り、ちぎったクレソンを散ら
　　す。

＊付け合わせにおすすめ。ディルやクミンを加
えるとまた違う味わいになります。粒マスター
ドを酢に替えてハムやコーンを入れれば、子ど
も用コールスローに。

焼き餃子

材料　2人分

豚ひき肉　100g
塩もみキャベツ
　(p.74)　75g
ニラ　1/3束
A｜おろしにんにく・
　｜おろししょうが
　｜　各1片分
　｜しょうゆ
　｜　大さじ1/2

酒　小さじ2
砂糖・こしょう
　各少々
片栗粉・ごま油
　各小さじ1
餃子の皮　12枚
サラダ油　適量
酢・しょうゆ・ラー油
　各適量

作り方

1　塩もみキャベツは水気を絞ってざく切りに
　　し、ニラは小口切りにする。

2　ボウルに豚ひき肉を入れ、Aと1を加えて混
　　ぜ合わせる（できれば冷蔵庫で少し寝かせ
　　る）。12等分した具を餃子の皮にのせ、端に
　　水をつけてひだを寄せながら包む。

3　フライパンにサラダ油を熱し、2を並べて中
　　火で焼く。皮に焼き目がついたら、水50ml
　　（分量外）を加え、ふたをして3分ほど蒸し
　　焼きにする。

4　ふたをはずして水分が残っていたらとばし、
　　サラダ油（またはごま油でも）少々をまわし
　　かける。強火にしてひと焼きしたら、器に
　　盛る。酢、しょうゆ、ラー油を合わせたタ
　　レを添える。

＊しんなりした塩もみキャベツはひき肉とよくなじみます。

塩キャベツオムレツ

材料　2人分

塩もみキャベツ
　（p.74）1/4個分
合いびき肉　100g
玉ねぎの薄切り
　1/4個分
A　卵　4個
　　牛乳　大さじ2

バター　15g
バジルじょうゆ
　（p.155 またはしょ
　うゆ）
　大さじ1/2
塩・こしょう
　各少々
オリーブ油　適量
ミディトマト　1個

作り方

1　フライパンにオリーブ油を熱し、中火で
　玉ねぎを炒める。しんなりしてきたらひ
　き肉を加えてポロポロになるまで炒め
　る。バターと水気を絞った塩もみキャベ
　ツを加えて炒め、バジルじょうゆをまわ
　しかけ、塩、こしょうをし、味を調えて
　取り出す。

2　小さめのフライパンにオリーブ油を強め
　の中火で熱し、合わせたAの半量を流し
　入れ、菜箸などで大きく混ぜる。半熟に
　なったら1の半量をのせ、卵を手前にか
　ぶせながら形を整える。もう1個も同様
　に作る。

3　器に盛り、くし形切りにしたトマトを添
　える。

＊卵に具をのせて半分に折りたたむだけの簡単オムレ
ツ。バジルの香りを移したバジルじょうゆが隠し味。

カリカリ油揚げと
キャベツの和え物

材料　2人分
油揚げ　1枚
塩もみキャベツ（p.74）　1/8個分
しょうゆ　小さじ1

作り方

1　油揚げは短冊切りにし、熱したフライパンで
　　カリカリになるまで焼き、しょうゆをからめ
　　る。

2　ボウルに水気を絞った塩もみキャベツを入
　　れ、1を熱いうちに加えて和える。

＊じゃこ酢オイル（p.156）や焼きのりを加えたり、風味づ
けにごま油を加えても。

じゃがいも

じゃがいもはそのままでも日持ちする野菜ですが、まとめて火を通しておけば調理時間の短縮になります。
蒸すとゆでるとでは食感が違うので、ぜひ食べ比べてみてください。

蒸す
【保存】冷蔵庫で3〜4日

ゆでる
【保存】冷蔵庫で3〜4日

蒸しじゃがいも

好きな大きさに切って
焼いたり、揚げたり

材料　作りやすい分量
じゃがいも　4〜5個

1

じゃがいもはよく洗い、皮つき
のまま丸ごと蒸気の上がった蒸
し器に入れ、20〜30分蒸す。

2

真ん中に竹串がスッと通るくら
い柔らかくなったら、冷まして
保存容器に入れる。

memo
丸ごと蒸すとうまみが凝縮し、じゃがいもに含まれるデンプン質の粘りと
しっとりとした食感が味わえます。冷めると手で皮がむけるので好みでむ
いて。新じゃがいものように丸ごと調理する場合や、いももちなどもっち
り感を生かした料理にもおすすめです。

ゆでじゃがいも

サラダや炒め物など和
洋中なんでも使えます

材料　作りやすい分量
じゃがいも　4〜5個　　塩　小さじ1/2

1

2

じゃがいもは皮をむいて2等分に
切り、水にさらして水気をきる。
鍋にかぶるくらいの水とともに入
れ、塩を加えて強火にかける。

沸騰したら火を弱めて15分ほど
ゆで、竹串がスッと通るくらい
柔らかくなったら、ざるに上げ
て冷まし、保存容器に入れる。

memo
切ってからゆでるのでゆで時間が短く、蒸すよりも手軽で扱いやすいです。
水からゆっくり火を入れて中まで柔らかくします。ゆでるとデンプン質が
抜け、粘りがなく、軽くてホクホクした食感に。サラダやコロッケなどマッ
シュする料理にも向いています。

蒸しじゃがいもで

洋風肉じゃが

材料　2人分
蒸しじゃがいも (p.86)　2個
鶏手羽先　4本
玉ねぎ　1/4個
蒸しゆでブロッコリー
　　(p.124 またはゆでたブロッコリー)　4個
白ワイン　50ml
だし汁　200ml
塩・黒こしょう　各適量
オリーブ油　大さじ1

作り方

1　蒸しじゃがいもは皮ごと4等分に切る。鶏手羽先は水気をふき取り、塩、こしょうをする。玉ねぎは薄切りにする。

2　鍋にオリーブ油を熱し、強めの中火で鶏肉を皮目から焼く（あまり動かさないこと）。焼き目がついたら裏返し、玉ねぎ、じゃがいもを加え、さっと焼いたら白ワイン、だし汁を加える。汁気をとばしながら5分ほど煮る。

3　汁気にとろみがついてきたらブロッコリーを加え、塩で味を調える。器に盛り、黒こしょうをふる。

＊じゃがいもが加熱済みなので煮る時間が短縮できます。好みで粒マスタードを添えても。

じゃがいもと
ちくわの風味揚げ

材料　2人分

蒸しじゃがいも（p.86）
　　2個
ちくわ　2本
プロセスチーズ　10g
青のり　大さじ1

A｜片栗粉・小麦粉
　　各1/4カップ
　｜溶き卵　1/2個分
　｜水　大さじ2
揚げ油　適量
梅干し　1個
オリーブ油　大さじ2

作り方

1　蒸しじゃがいもは皮ごと小さめの一口大に切
　　る。チーズは棒状に切り、ちくわの穴に入れて
　　3〜4等分に切る。

2　ボウルに1を入れ、小麦粉大さじ1（分量外）
　　と青のりをまぶす。

3　Aを混ぜ合わせて衣を作り、2をからめて170
　　〜180℃に熱した油でからりと揚げる。

4　梅干しは種を除いてたたき、オリーブ油と混ぜ
　　合わせる。3をつけていただく。

＊じゃがいものもっちり感とちくわとチーズ、青のりの風味が
広がる楽しい揚げ物です。青のりをゆかり粉やごまに替えても
おいしい。

ゆでじゃがいもで

ポテトサラダ

材料　2人分

ゆでじゃがいも (p.87)　2個分
きゅうり　1/2本
玉ねぎ　1/8個
ゆで卵　1個

A　マヨネーズ　大さじ2
　　砂糖　ひとつまみ
　　塩・黒こしょう・
　　　粒マスタード　各少々

作り方

1　きゅうりと玉ねぎは薄切りにし、そ
　　れぞれ塩少々（分量外）をまぶして
　　もみ、しんなりしたら、さっと洗っ
　　て水気を絞る。

2　ゆでじゃがいもは電子レンジで1分
　　ほど加熱して温め、ボウルに入れて
　　フォークなどで好みの加減につぶす。

3　2に1を加えて混ぜ合わせ、Aも加え
　　る。端に寄せてゆで卵を加え、フォ
　　ークなどで好みの加減につぶす。全
　　体を混ぜ合わせ、味を調える。

＊ウインナーやカリカリに焼いたベーコンを加え
るとボリュームアップ。

じゃがいもと
カリフラワーのサブジ

材料　2人分

ゆでじゃがいも (p.87) 　2個分	A　カレー粉 　　小さじ1と1/2
カリフラワー　1/4個	塩・ガラムマサラ
クミンシード　小さじ1	各小さじ1/2
	コリアンダーパウダー
	（好みで）　少々
	サラダ油
	大さじ2と1/2

作り方

1　カリフラワーは小房に分ける。耐熱容器に入れ
　　て水少々をふり、ラップをして600Wの電子レ
　　ンジで1分半ほど加熱し、水気をしっかりふく。
　　ゆでじゃがいもは3〜4等分に切る。

2　厚手の鍋にサラダ油とクミンシードを弱めの中
　　火で熱し、プチプチしてきたら1とAを加えて炒
　　め合わせ、ふたをして2分ほど蒸し焼きにする。

3　ふたをはずして全体を返すように炒め、再びふ
　　たをして火を止め、少しなじませる。

＊少し時間をおいて味をなじませたほうがおいしいです。ホッ
トサンドや春巻きの具にしても合います。

里いも

里いもは皮の土臭さ
やぬめりが苦手な人
も多いかもしれません
が、面倒な下ごしらえ
も一度に済ませてお
けば、あとがラクです。
アク抜きのため、ゆ
でるときは米のとぎ汁
を利用します。

ゆでる
【保存】冷蔵庫で3〜4日
（冷凍も可）

ゆで里いも

煮物や揚げ物、つぶしてコロッケにしても

1

里いもはたわしなどでよく洗い、天地を切り落として皮をむき、大きいものがあれば全体の大きさを揃えるように切る。

材料　作りやすい分量

里いも　8〜9個　　　米のとぎ汁　適量

2

3

鍋に里いもとかぶるくらいの米
のとぎ汁を入れて強火にかけ、
沸騰したら弱火にし、15分ほど
ゆでる。

竹串がスッと通るくらい柔らか
くなったら、流水で洗い、ざる
に上げて冷まし、保存容器（冷
凍の場合は保存袋）に入れる。

memo
米のとぎ汁でゆでるとアクが抜け、ゆで上がりも白くてきれいです。適度
な粘りとホクホクした食感で、煮たり、焼いたり、揚げたりといろいろな
料理に使えます。好みで皮をむいて丸ごと蒸してもよいですが、粘りが強
いので煮物には向きません。

ゆで里いもで

鶏手羽先と
里いもの甘辛煮

材料　2人分

鶏手羽先　4本
ゆで里いも（p.98）　4個
A｜だし汁　200ml
　｜砂糖　大さじ1と1/2
　｜しょうゆ　大さじ1強
　｜みりん　大さじ1
塩・こしょう・サラダ油　各少々
しょうがのせん切り　適量

作り方

1　鶏手羽先は関節に包丁を入れて先端
　　を切り落とし、身の中心に包丁を入
　　れて縦半分に切り離し、塩、こしょ
　　うをする。ゆで里いもは電子レンジ
　　で1分ほど加熱して温める。

2　鍋にサラダ油を熱し、中火で鶏肉を
　　皮目から焼く。焼き目がついたら返
　　し、里いもを加えて焼きつける。

3　油が全体になじんだら、Aを加え、
　　煮汁が全体にからむように7分ほど
　　煮る。器に盛り、しょうがをのせる。

＊ご飯がすすむおかずです。冷蔵庫に入れておい
た里いもはかたくなっているので温めてから使い
ます。手羽先に焼き目をつけ、香ばしいうまみを
引き出します。

里いもと鮭のコロッケ

材料 2人分

ゆで里いも (p.98) 4個	バター 10g
鮭フレーク (p.240または	塩・こしょう 各少々
市販品) 1/4カップ	小麦粉・溶き卵・パン粉・
キャベツ 2枚	揚げ油 各適量
青じそ 4枚	A ミディトマトの
	くし形切り 1個分
	蒸しゆでブロッコリー
	(p.124) 適量

作り方

1 キャベツは細切りにして塩少々をもみ込み、4〜5分
  おく。青じそは細切りにする。

2 ゆで里いもは電子レンジで1分ほど加熱して温め、
  ボウルにバターとともに入れてつぶす。鮭フレー
  ク、水気を絞ったキャベツと青じそを加え、塩、こ
  しょうで味を調える。

3 4等分にして小判形にし、小麦粉、溶き卵、パン粉
  の順に衣をつけ、170〜180℃の揚げ油できつね色
  になるまで揚げる。

4 器に盛り、Aを添える。

里いも田楽

材料　2人分

ゆで里いも（p.98）　3個
バター　大さじ1
田楽みそ（下記）　小さじ2
いりごま（白・黒）　各適量

作り方

1　ゆで里いもは半分に切る。

2　熱したフライパンにバターと里いも
　　を入れ、中火でほんのり焼き色がつ
　　くまで全面を焼く。

3　表面に田楽みそを塗ってごまをの
　　せ、オーブントースターでみそが少
　　しふつふつするまで軽く焼く。

●田楽みその材料（作りやすい量）と作り方
小鍋にみそ50g、砂糖15g、酒大さじ2、みりん大
さじ1を入れ、中火にかける。ふつふつしてきた
ら火を弱め、つやが出るまで耐熱製のゴムベラな
どで混ぜ、もったりするまで煮詰める。冷蔵庫で
1カ月ほど保存可能。

余り野菜の
すりおろし

中途半端に野菜が余ってしまったときは、すりおろして使うのもおすすめ。野菜をすりおろすと酵素の働きが上がり、健康効

にんじん
→水分として

にんじんや玉ねぎは水分としての役割を持ちます。にんじんは炊き込みご飯やパンケーキなどに、玉ねぎは肉ダネに加えたり、ドレッシングにしたりするのがおすすめです。

材料　2~3人分

白米　2合
にんじん　1/2本
たらこ　1/2腹
酒　大さじ1
水（またはだし汁）
　　360ml

すりおろしにんじんと
たらこの炊き込みご飯

作り方

1　米はといで30分ほどざるに上げておく。にんじんはすりおろす。

2　厚手の鍋に1と酒、水を入れて混ぜ、薄皮を取り除いたたらこをところどころにのせ、ふたをして強火にかける。

3　沸騰したら弱火にして12分ほど炊き、火を止めて3分ほど蒸らす。

＊炊飯器で炊いてもよいです。油揚げを加えるとコクがアップします。玄米でもおいしい。

果も高まります。にんじん、玉ねぎ、大根、かぶ、きゅうりなどの水分が多い野菜や、じゃがいも、れんこん、長いもといったとろみの出る野菜が向いています。

れんこん
→とろみとして

れんこんやじゃがいもなどデンプン質を含む野菜はとろみが出ます。スープに加えたり、具を混ぜて成形し、焼いたり揚げたりすればもっちりした食感が楽しめます。

材料　2人分
大豆（ゆでたもの。
　　　または水煮）　60g
れんこん　1/2節(50g)
A　だし汁　200ml
　　大豆のゆで汁
　　　（水煮の場合は
　　　だし汁）　100ml
みそ　大さじ1/2

大豆とれんこんの
すりながし

作り方

1　鍋にAを入れて火にかけ、れんこんをすりおろしながら加える。
2　とろみが出てきたら大豆を加え、みそを溶き入れて味を調える。

＊れんこんをすりおろしながら加え、スープにとろみをつけます。やさしい味で朝食にもぴったり。

白　　　　　　　　菜

白菜は大きいままだと
かさばるので、コンパ
クトにしてからストック。
炒めると水分が出てき
てしんなりしてしまい
がちですが、塩もみ
や干すことで水分を抜
くと、加熱しても歯ご
たえよく味わえます。

塩もみ
【保存】冷蔵庫で2〜3日

干す
【保存】冷蔵庫で4〜5日

塩もみ白菜

漬け物みたいに生でたくさん食べられます

材料 作りやすい分量
白菜 1/4株（300g）
塩 小さじ1弱

1

白菜は葉をざく切りにし、軸は
拍子木切りにする。

2

ボウルに1を入れ、塩を全体に
まぶして10分ほどおく。水気を
絞り、保存容器に入れる。

memo
白菜は水分がとても多い野菜なので、塩もみをして水分を抜くことで歯ご
たえがよくなり、炒めたときにも水っぽくなりません。ほんのり塩味のつ
いた白菜は生のままでもおいしく、味がなじみやすくて火の通りが早いの
で、スープや餃子などの具にしても。

干し白菜

炒め物や煮物のほか鍋やスープに入れても

材料　作りやすい分量
白菜　1/4株

1

白菜は葉を1枚ずつはがし、ざるなどに広げる。

2

しんなりするまで半日〜1日ほど天日干しにし、保存袋に入れる。

memo
干すことで適度に水分が抜けて甘味が出ます。切ると干し時間の短縮になりますが、大きいまま干すと使うときに好きな大きさにできるので使い勝手がよいです。炒めても水っぽくならずにボリュームを保つことができ、香ばしい焼き目もつけられます。

塩もみ白菜で

白菜チヂミ

材料　2人分

塩もみ白菜 (p.110)
　1/8株分
豚ひき肉　60g
万能ねぎ　3本

A｜しょうゆ
　｜　大さじ1/2
　｜酒　小さじ1
　｜おろしにんにく
　｜　少々
B｜小麦粉
　｜　大さじ2と
　｜　1/2

上新粉
　大さじ2
砂糖・塩
　各少々
溶き卵
　1/2個分
水　50ml
ごま油　適量
酢・しょうゆ・
いりごま（白）
各適量

作り方

1　豚ひき肉にAをもみ込む。万能ねぎは
　　4cm長さに切る。

2　Bをボウルで合わせ、水気を絞った塩
　　もみ白菜と1を加えて混ぜ合わせる。

3　フライパンにごま油を熱し、2を広げ
　　て弱めの中火で2分ほど焼く。焼き目
　　がついてフライパンを揺すって生地が
　　動くようになったら裏返し、ごま油
　　少々を加えて表面を香ばしく焼く。

4　食べやすい大きさに切り、酢じょうゆ
　　（酢としょうゆを同量ずつ合わせたも
　　の）にごまを加えたタレを添える。

ラーパーツァイ

材料　2人分

塩もみ白菜 (p.110)　1/8株分

A 砂糖・酢
　　　各大さじ1
　柚子こしょう
　　　小さじ1弱
　いりごま（白）
　　　小さじ1

ごま油　大さじ1/2

作り方

1　ボウルに水気を絞った塩もみ白
　　菜を入れ、Aを加えて和える。

2　小さめのフライパンにごま油を
　　熱し、あつあつになったら、1
　　に加えて混ぜ合わせる。

塩もみ白菜のマリネ

材料　2人分

塩もみ白菜（p.110）　1/8株分
ハム　2枚
A │ 粒マスタード・薄口しょうゆ
　 │ 　　各小さじ1
　 │ 酢　大さじ1
　 │ 塩・こしょう・はちみつ　各少々
　 │ オリーブ油　大さじ2
レモン・イタリアンパセリ　各適量

作り方

1　ハムは食べやすい大きさに切る。Aはボ
　　ウルに入れて混ぜ合わせる。
2　1のボウルに水気を絞った塩もみ白菜、
　　ハムを加えて和え、10分ほどおいて味を
　　なじませる。
3　器に盛り、いちょう切りにしたレモン、
　　ざく切りにしたイタリアンパセリを飾る。

干し白菜で

干し白菜とタラの
ミルクグラタン

材料　2人分

干し白菜（p.111)　　　小麦粉　大さじ4
　1/8株分　　　　　　　塩・こしょう
タラ（甘塩）切り身　　　　各少々
　2切れ　　　　　　　　ピザ用チーズ
玉ねぎ　1/2個　　　　　　1/4カップ
白ワイン　50ml　　　　　パン粉　大さじ2
牛乳　350ml　　　　　　オリーブ油　適量
バター　大さじ1

作り方

1　干し白菜はさっと洗って水気をふき、
　　軸をそぎ切りにし、葉はざく切りにす
　　る。タラは水気をふいて皮と骨を除
　　き、ひと口大に切る。玉ねぎは薄切り
　　にする。

2　フライパンにオリーブ油を熱して玉ね
　　ぎを中火で炒め、しんなりしたらタラ
　　とバターを加える。小麦粉を加えて粉
　　気がなくなるまで炒めたら、白ワイン
　　をふり、牛乳を加える。

3　とろみがついたら白菜を加え、さっと
　　煮て、塩、こしょうで味を調える。

4　耐熱皿に移してチーズ、パン粉を順に
　　のせ、オリーブ油をまわしかけ、オー
　　ブントースターで香ばしい焼き目がつ
　　くまで10分ほど焼く。

干し白菜と鶏肉の
煮込みラーメン

材料 2人分

干し白菜 (p.111)　　　　中華麺　1玉
　1/8株分　　　　　　　鶏ガラスープ　500ml
鶏もも肉　1枚　　　　　しょうゆ　小さじ1~2
A ｜ 塩・おろしにんにく　ごま油　大さじ1/2
　｜　各小さじ1/2　　　粉山椒　適量
　｜ 酒　大さじ1

作り方

1　鶏肉は余分な脂を除いてひと口大に切り、A
　をもみ込む。干し白菜はさっと洗って水気を
　ふき、食べやすい大きさに切る。

2　鍋にごま油を熱し、鶏肉を皮目を下にして中
　火で炒める。皮に焼き目がついたら、白菜を
　加えて炒め、くたっとしてきたら鶏ガラスー
　プ、しょうゆを加える。ひと煮立ちしたら、
　ふたをして3分ほど煮る。

3　沸騰した湯で中華麺をゆで、袋の表示時間の
　半分くらいになったらざるに上げる。水でさ
　っと洗って2に加え、とろみが出るまで煮る。
　器に盛り、粉山椒をふる。

＊酢やラー油をかけるのもおすすめです。

ブロッコリー

ゆでてもよいのですが、ゆでると蒸すの間の「蒸しゆで」は、湯を沸かす時間がいらず、短時間で済むのがうれしい。うまみを逃さず、歯ごたえを保ちながらしっとりと仕上がります。

蒸しゆで

【保存】冷蔵庫で
3日（冷凍も可）

蒸しゆで
ブロッコリー

おかずやサラダに加えると
ボリュームアップ

1

2

ブロッコリーは大きめの小房に
分け、茎は外のかたい部分をそ
ぎ、食べやすい大きさに切る。
水を張ったボウルに5分ほど浸
ける。

1を流水でさっと洗い、厚手の
鍋に入れて塩と水を加える。ふ
たをして強火にかけ、沸騰して
きたら火を弱め、2分ほど蒸す。

材料　作りやすい分量

ブロッコリー　1株　　　水　50ml
塩　少々

3

蒸し上がったらざるに上げて冷
まし、保存容器（冷凍の場合は
保存袋）に入れる。

memo
水に浸けて潤いを与え、かさに溜まった汚れを取ります。余熱でも火が通
るので少しかためかなと思うところで引き上げます。蒸し上がったら水に
浸けず、ざるに上げて冷ますと水っぽくなりません。冷凍した場合は細か
く刻んだりソースにするのがおすすめ。

蒸しゆでブロッコリーで

ふんわり卵と
ブロッコリーの
炒め物

材料　2人分
蒸しゆでブロッコリー（p.124）　1/2株分
卵　2個
A｜砂糖　小さじ1
　｜ナンプラー（またはしょうゆ）　少々
ごま油・黒こしょう　各適量

作り方
1　ボウルに卵を溶きほぐし、Aを加え
　　て混ぜ合わせる。
2　フライパンに多めのごま油を強めの
　　中火で熱し、1を流し入れる。ふん
　　わりしてきたら菜箸などでやさしく
　　かき混ぜ、一度取り出す。
3　同じフライパンにごま油少々を加え、
　　蒸しゆでブロッコリーを焼く。焼き
　　目がついたら、2を加えてひと混ぜ
　　し、鍋肌にナンプラー少々（分量
　　外）をまわしかける。器に盛り、黒
　　こしょうをふる。

＊卵は多めの油で焼くとふんわり仕上がります。
火が通りすぎるとボロボロになってしまうので、
一度取り出して。ブロッコリーは焼き目をつけて
香ばしさをプラスします。

ブロッコリーパスタ

材料　2人分

ショートパスタ	玉ねぎ　1/4個
（フジッリ）　120g	白ワイン　大さじ2
蒸しゆでブロッコリー	しょうゆ　小さじ1
（p.124）　1/2株分	レモン汁　少々
オイルサーディン	オリーブ油・
2～3尾	レモンの皮の
にんにく　1片	すりおろし　各適量

作り方

1 蒸しゆでブロッコリーは粗く刻み、にんにく、玉ねぎはみじん切りにする。たっぷりの湯を沸かして塩適量（分量外）を加え、パスタを袋の表示時間よりも1分短くゆでる。

2 フライパンにオリーブ油を熱し、にんにくと玉ねぎを中火で炒める。香りが出て玉ねぎがしんなりしてきたら、オイルサーディンとブロッコリーを加え、白ワインをふり、全体をなじませるように炒める。

3 パスタをゆで汁少々とともに加えてひと混ぜし、しょうゆ、レモン汁で味を調える。器に盛り、レモンの皮を散らす。

ブロッコリーペースト

材料　2人分

蒸しゆでブロッコリー　　　オリーブ油　50ml
　（p.124）　100g　　　水　大さじ1~2
パルミジャーノ・　　　　　おろしにんにく・
　レッジャーノ　　　　　　　塩　各少々
　チーズ　20g

作り方

1　蒸しゆでブロッコリーはチーズととも
　　にざく切りにし、ミキサーに入れ、オ
　　リーブ油を加えて攪拌する。混ざりに
　　くければ、水を少しずつ加える。
2　仕上げににんにくと塩を加えて混ぜ、
　　味を調える。

＊冷蔵庫で1週間ほど保存可能。ディップとしてパン
につけたり、パスタにしたり、魚や肉のソテーにか
けたり、ジェノベーゼソースのように使えます。

か　ぼ　ち　ゃ

かぼちゃのやさしい甘味
は、おかずからおやつま
で幅広く使えます。
塩をまぶしてかぼちゃから
出てきた水分と少量の水
で蒸すと、ほどよい塩味
がついて味がまとまりやす
く、しっとり仕上がります。

蒸す

【保存】冷蔵庫で
3〜4日

蒸しかぼちゃ

煮物や炒め物、サラダやコロッケなどに

1

かぼちゃはわたと種を取り、4等分に切る。水にさっとくぐらせて厚手の鍋に入れ、塩をまぶして手ですり込み、15分ほどおく。

材料　作りやすい分量

かぼちゃ　1/2個
塩　小さじ1/2
水（または酒）　50ml

2

3

塩の粒子がなくなって水分が出
てきたら、水を加える（かぼち
ゃに厚みがあれば水の量を少し
増やす）。

ふたをして強火にかけ、沸騰し
たら弱火にして15〜20分蒸し煮
にする。ざるに上げて冷まし、
保存容器に重ならないように入
れる。

memo
塩をまぶして余分な水分を出して甘味を引き出します。生よりも火が通っ
てからの方が柔らかくて切りやすいので、最初は大きめに切り、あとで自
由に大きさを変えてください。煮ても焼いてもおいしく、つぶしてスープ
にしたり、団子にしておやつしても。

蒸しかぼちゃで

かぼちゃの豚肉巻き

材料　2人分

蒸しかぼちゃ（p.134）　1/4個分
豚バラ肉（しゃぶしゃぶ用）　8枚
塩・こしょう　各少々
A　長ねぎのみじん切り　5cm長さ分
　　砂糖・ごま油　各大さじ1と1/2
　　しょうゆ　大さじ1
　　すだちの搾り汁　2個分
　　すだちの皮のすりおろし　少々
ラディッシュ　1個
ベビーリーフ　適量
サラダ油　適量

作り方

1　蒸しかぼちゃは5mm幅に切り、豚肉
　　を巻きつけ、塩、こしょうをする。

2　フライパンにサラダ油を熱し、1を入
　　れて中火で豚肉がカリカリになるま
　　で焼く。

3　2を皿に盛り、ベビーリーフ、薄切
　　りにしたラディッシュを添える。

4　Aを混ぜ合わせて薬味ダレを作り、
　　熱いうちに3にかけていただく。

かぼちゃサラダ

材料 2人分

蒸しかぼちゃ (p.134) 　　1/4個分	A ピーナッツバター 　　大さじ1
紫玉ねぎ 1/4個	牛乳 大さじ1~ 2
ベーコン 1枚	塩・こしょう 各少々
	パセリ 適量

作り方

1　紫玉ねぎは薄切りにし、水に5分ほど浸けて水気を絞る。ベーコンは1cm幅に切る。

2　蒸しかぼちゃは好みで皮をむき、ラップで包んで600Wの電子レンジで1分ほど加熱して温め、ボウルに入れて粗くつぶす。

3　フライパンを熱し、ベーコンをカリカリになるまで焼く。2に紫玉ねぎとともに加え、混ぜ合わせたAを加えて味を調える。器に盛り、刻んだパセリを散らす。

＊かぼちゃは蒸してあるので簡単につぶせます。カリカリに焼いたベーコンと紫玉ねぎを加えてボリュームアップ。ピーナッツバターを合わせてコクのあるごちそうサラダに。

かぼちゃの
ひき肉あんかけ

材料　2人分
蒸しかぼちゃ (p.134)　1/4個分
鶏ひき肉　70g
干しきのこのしめじ (p.146 またはしめじ)　少々
A　だし汁　150ml
　　薄口しょうゆ・みりん・酒　各大さじ1/2
　　砂糖・塩　各少々
水溶き片栗粉　適量

作り方
1　小鍋に鶏ひき肉とAを入れて中火にか
　　け、ひき肉をほぐしながら煮る。
2　沸騰してアクが出たら取り、火を弱める。
　　ひき肉の色が変わったら、食べやすい大
　　きさに切った蒸しかぼちゃときのこを加
　　えて5分ほど煮る。
3　かぼちゃが温まったら、水溶き片栗粉を
　　少しずつ加え、とろみがつくまで煮る。

＊蒸しかぼちゃを使えば煮物もあっという間にでき上
がります。鶏肉ときのこのうまみが溶け出したやさし
い味のあんかけはホッとするおいしさです。

かぼちゃのおかき揚げ

材料　2人分
蒸しかぼちゃ（p.134）　1/8個分
バター　大さじ1
柿の種　1/3カップ
水溶き小麦粉・サラダ油　各適量
レモンのくし形切り　2切れ

作り方

1　蒸しかぼちゃは皮をむき、ラップで包んで600Wの電子レンジで1分ほど加熱して温め、ボウルにバターとともに入れてつぶす。柿の種はポリ袋などに入れ、麺棒などでたたいて粗めにくだく。

2　1のかぼちゃを直径約3cmに丸め、水溶き小麦粉、柿の種の順に衣をつける。

3　フライパンに多めのサラダ油を熱し、転がしながら2をからりと揚げる。好みでレモンを搾っていただく。

＊柿の種をまぶして揚げるとスナックのようにザクザクとした食感が楽しいです。おかずとしてはもちろん、おつまみやおやつにもなります。

き　　の　　こ

香りがよくて栄養豊富な
きのこは上手に取り入れ
たい食材です。
袋に入れたまま時間をお
くと、しんなりしてしまい
ますが、干すだけで水
分が抜けてうまみが増
し、歯ごたえもよくなります。

干す

【保存】冷蔵庫で
4〜5日

干しきのこ

炒め物や炊き込みご飯、麺
やスープにも

1

しいたけは石づきを切り、まい
たけ、しめじは石づきを切って
ほぐし、ざるなどに広げる。

2

半日ほど天日干しにし（半生の
状態になるまで）、保存容器や保
存袋に入れる。

材料　作りやすい分量

しいたけ、まいたけ、しめじなど（好みのもの）　各1パック

きのこチップ
細かく切った干しきのこを揚げ焼きにすれば、にんにくチップのような感覚で使える。揚げ焼きにした干しきのこの油をきり、アンチョビー適量を加えてしょうゆ少々をたらし、こしょうで味を調える。瓶などに入れて冷蔵庫で1週間ほど保存可能。サラダやチャーハンなどのトッピングに。

memo
放っておくと湿気がカビの原因になるため、すぐに袋から出して干します。干し時間が長いと保存期間も長くなりますが、ほどよくしんなりした半干しが使いやすいです。うまみが凝縮されるのでスープに入れればだしにもなります。エリンギやえのきなどでも。

干しきのこで

きのこピラフ

材料　2人分

白米　2合	A ┃ バター　10g
干しきのこ (p.146)	┃ 水　360ml
100g	┃ ナンプラー　小さじ1
れんこん　1/2節	┃ 塩　小さじ1/2
にんにくのみじん切り	┃ ローリエ　1枚
小さじ1	オリーブ油　大さじ1
	黒こしょう・パセリ・ディル
	各適量

作り方

1　米はといで30分ほどざるに上げておく。干しき
　のこはさっと洗い、しいたけは薄切りにし、ま
　いたけ、しめじは大きければほぐす。れんこん
　は皮をむいて薄いいちょう切りにし、5分ほど
　水にさらして水気をきる。

2　厚手の鍋にオリーブ油、にんにくを入れて中火
　で熱し、香りが出てきたら、きのことれんこん
　を加えて炒める。

3　全体に油がなじんだら米を加えて炒め、少し透
　明になったらAを順に加えて混ぜ合わせる。沸
　騰したらふたをして弱火で12分ほど炊き、火
　を止めて3分ほど蒸らす（おこげを作りたいと
　きは後半1分を強火にする）。

4　全体を混ぜ合わせて器に盛り、黒こしょうをふ
　る。みじん切りにしたパセリとざく切りにした
　ディルをのせる。

干しきのこと
ごぼうの温そば

材料　2人分

干しきのこ (p.146)
　　100g
ごぼう　50g
そば（乾麺）150g

A　だし汁　700ml
　　酒　大さじ3
　　みりん
　　　大さじ2と1/2
　　しょうゆ　大さじ4
大根おろし　1/3カップ
一味唐辛子　適量

作り方

1　干しきのこはさっと洗い、しいたけは薄切りにし、まいたけ、しめじは大きければほぐす。ごぼうは洗って小さめの乱切りにし、5分ほど水にさらして水気をきる。

2　鍋に1とAを入れて強火にかけ、沸騰したら火を弱めて5〜6分煮る。

3　沸騰した湯でそばをゆでてざるに上げ、2に入れる。ひと煮立ちしたら器に盛り、大根おろしをのせて一味唐辛子をふる。

切り干し大根の煮物

材料　2人分

干しきのこ (p.146)
　　30g
切り干し大根　40g
油揚げ　1枚
にんじん　1/4本

A　切り干し大根の
　　もどし汁と水
　　合わせて300ml
砂糖　小さじ2
酒　大さじ2
しょうゆ
　　大さじ1と1/2
塩　少々

ごま油　適量

作り方

1　干しきのこはさっと洗って水気をふき、しいたけは薄切りにし、まいたけ、しめじは大きければほぐす。

2　切り干し大根はたっぷりの水で5分ほどもどし、水気を絞る（もどし汁は取っておく）。油揚げは熱湯をかけて油抜きをし、短冊切りにする。にんじんは皮をむいて細切りにする。

3　鍋にごま油を熱し、強めの中火で1とにんじんを軽く炒め、油揚げと切り干し大根を加えて炒め合わせる。全体に油がなじんだらAを加え、ひと煮立ちしたら火を弱めて5分ほど煮る。

しょうゆ漬け
&オイル漬け

梅干し、にんにく、バジル、じゃこといった風味のよい素材は、使う分を残してしょうゆやオイルに漬けておくと、調味料として使えます。
しょうゆ漬けは炒め物や煮物の調味料として加えるとひと味違うおいしさに。オイル漬けは炒め油として使ったり、風味づけにかけたりと万能です。

梅じょうゆ

材料　作りやすい分量

梅干し　2〜3個
しょうゆ　100ml

作り方

しょうゆを保存瓶などに入
れ、梅干しを種ごと加えて
軽くほぐす。冷蔵庫で1カ月
ほど保存可能。

＊使い終わった梅干しの種を加えて
もOK。煮物や炒め物の味つけに使
ったり、チャーハンの隠し味にも。

バジルじょうゆ

材料　作りやすい分量

バジル　1枝
しょうゆ　100ml

作り方

しょうゆを保存瓶などに入
れ、バジルは適当な大きさ
にちぎって加える。冷蔵庫
で1カ月ほど保存可能。

＊しょうゆに香りが移ったら、バジ
ルの葉を取り出して。炒め物はもち
ろん、冷や奴にかけてもおいしいで
す。

じゃこ酢オイル

材料 作りやすい分量
ちりめんじゃこ
　　大さじ1と1/2
酢　大さじ3
サラダ油　大さじ1

作り方
サラダ油と酢を保存瓶など
に入れて軽く混ぜ、ちりめ
んじゃこを加える。冷蔵庫
で5日ほど保存可能。

＊ドレッシングとして野菜にかけた
り、酢の代わりに炒め物などに加え
たり、混ぜご飯の合わせ酢にして
も。

にんにくオイル

材料 作りやすい分量
にんにく　1片
サラダ油　大さじ3

作り方
サラダ油を保存瓶などに入
れ、半分に切って芽を取り
除いたにんにくを加える。
冷蔵庫で3週間ほど保存可能。

＊炒め油にしたり、パスタにかけた
りと万能。にんにくをつぶしたり、
刻むとより風味がオイルに移りま
す。

保存の前の
小さな下ごしらえ

冷蔵庫に入れる前のほんのひと手間で野菜が長持ちします。

にんにく・しょうが

葉もの

葉つき野菜

にんにくは1片ずつに分けて薄皮をむき、瓶に入れる。根元を少し切っておくと芯が自然と出てくるので調理のときに取りやすい。しょうがは洗って乾燥させ、ペーパータオルに包んで瓶などに入れる。

葉ものは洗ってパリっとするまで水に浸け、新聞紙に包んでポリ袋などに入れる。使う頻度が高いときは葉と茎を分けて保存容器へ。青じそは瓶に湿らせたペーパータオルを敷き、茎を下にして入れるとよい。

かぶや大根など葉つきの野菜は、葉が水分を吸って根や茎がパサパサになってしまうので、買って来たらすぐに葉を切っておく(しっかり根元から切り落とす)。葉はゆでたり、炒めたりして活用する。

肉は買ってきたまま冷蔵庫に入れるのではなく、
下味をつけておくだけで、
そのあとの調理がずいぶんラクになります。
ひき肉や鶏肉など手軽に
調理しやすいものを選びました。
ゆで鶏や塩豚も
いろいろな料理にアレンジできて重宝します。
冷凍保存もできるので、
晩ご飯やお弁当のおかずに活用してください。

第2章

肉の
下ごしらえ

ひ　き　肉

ひき肉は下味をつけてお
けば、そのまま炒めてご
飯に混ぜたり、チャーハ
ンや麺の具にしたり、成
形して焼いたりと大活躍。
3種の肉で下味を変えま
した。好みで味を入れ
替えても。

下味をつける

【保存】冷蔵庫で
2〜3日（冷凍も可）

合いびき肉　　　　　豚ひき肉　　　　　鶏ひき肉

合いびき肉

ウスターソースで
深みのある味わいに

材料　作りやすい分量

合いびき肉　300g
A｜ケチャップ
　　　大さじ3と1/2
　　ウスターソース
　　　大さじ1
　　塩・こしょう　各少々

ひき肉をボウルに入れ、Aを加
えてもみ込む。練らずに全体に
なじませる程度でOK。

豚ひき肉

最小限の味つけで
なんでも使えます

材料　作りやすい分量

豚ひき肉　300g
A｜酒　大さじ1
　　塩　小さじ1/3
　　しょうゆ　小さじ1/2
　　こしょう　少々

鶏ひき肉は卵が入るので、粘り
が出るまでよく混ぜ合わせる。

鶏ひき肉

| 卵でコクをプラス
| 団子やハンバーグに

材料　作りやすい分量

鶏ひき肉　300g

A｜酒　大さじ1
　｜塩　小さじ1/2
　｜片栗粉
　｜　　大さじ1と1/2
　｜溶き卵　1個分

冷凍する場合は保存袋に入れ
る。使うときは自然解凍で。

memo
ウスターソースはいろい
ろなスパイスが含まれて
いるので加えるだけで味
に奥行きが出る便利な調
味料です。酒は肉の臭み
を消し、うまみを引き立
ててくれます。団子にす
るなら卵を加えると、つ
なぎになり、全体がまと
まりやすく、ふっくら仕
上がります。

合いびき肉で

タコライス

材料　2人分

下味つき合いびき肉
　　（p.162）200g
酒　大さじ1

A ｜ カレー粉
　　　小さじ1弱
　　　塩・こしょう・
　　　タバスコ
　　　各少々

アボカド・スライスチーズ・
　　レタス・プチトマト・
　　トルティーヤチップス
　　　各適量
温かいご飯　2皿分
サラダ油　適量

作り方

1　フライパンにサラダ油を熱し、下味つき合いび
　　き肉を中火で炒める。ほぼ火が通ったら酒をふ
　　り、Aを加えて味を調える。

2　アボカドは皮をむいて食べやすい大きさに切
　　り、チーズは細切りにする。レタスは適当な大
　　きさにちぎり、プチトマトはヘタを取って4等
　　分に切る。

3　皿にご飯を盛り、1、2とくだいたトルティーヤ
　　チップスを彩りよくトッピングする。

＊ウスターソースとケチャップの下味がついたひき肉は、その
まま炒めるだけでおいしいです。カレー粉とタバスコで辛味を
加え、ご飯がすすむスパイシーなひき肉炒めに。

ミートソース

材料　作りやすい分量

下味つき合いびき肉
　　（p.162）　200g
にんじん　1/4本
玉ねぎ　1/2個
ごぼう　1/4本

にんにく・しょうが
　　各1片
トマト水煮缶
　　1/2缶（200g）
みそ　小さじ1
塩・こしょう　各少々
オリーブ油　適量

作り方

1　野菜はそれぞれみじん切りにする。

2　鍋にオリーブ油を熱し、中火でにんにく、
　　しょうがを炒める。香りが出てきたら残りの
　　野菜を加え、ふたをしてしんなりするまで5
　　分ほど蒸しながら炒め合わせ（ときどきふ
　　たをあけて混ぜる）、塩、こしょうをする。

3　下味つき合いびき肉とトマトの水煮をほぐ
　　しながら加え、弱火で10分ほど煮る。仕上
　　げにみそを加え、なじませる。

＊パスタやオムレツ、グラタンなどさまざまな料理に使え
ます。保存容器に入れて冷蔵庫で3日ほど保存可能（冷凍も
可）。

豚ひき肉で

甘酢肉団子

材料　2人分

下味つき豚ひき肉
　　(p.162)　150g
A｜溶き卵
　　　1/2個分
　　玉ねぎ　1/4個
　　片栗粉
　　　大さじ1

B｜砂糖・酢・水
　　　各大さじ2
　　しょうゆ　大さじ1/2
　　片栗粉　小さじ1/2
揚げ油・香菜・紅しょうが
　　　各適量

作り方

1　玉ねぎはみじん切りにする。ボウルに下味つき
　　豚ひき肉を入れて軽く練り、Aを順に加えて混
　　ぜる。直径3cmほどに丸め、170〜180℃の揚
　　げ油で転がしながら火が通るまで揚げる。

2　小鍋でBを温め、とろみが出たら1を加えてか
　　らめる。

3　器に盛り、香菜と紅しょうがを添える。

麻婆豆腐

材料　2人分

下味つき豚ひき肉
　（p.162）　100g
木綿豆腐　1丁
　（300g）
にんにくのみじん切り
　小さじ1

A｜豆板醤・甜麺醤
　｜　各小さじ1
　｜キムチ　大さじ1

B｜鶏ガラスープ
　｜　250ml（または
　｜　水250mlに対して
　｜　鶏ガラスープの素
　｜　（顆粒）小さじ1/2
　｜　でも可）
　｜酒　大さじ1
長ねぎ　10cm長さ
ニラ　2本
ごま油・粉山椒・
　ラー油　各適量

作り方

1　豆腐は3cm角に切り、沸騰した湯に入れて湯
　面がゆらゆらするくらいの火加減で3分ほどゆ
　でたら、火を止めて炒める直前までそのまま
　おく。キムチと長ねぎ、ニラは粗みじん切り
　にする。

2　フライパンにごま油とにんにくを熱し、香りが
　出てきたら、下味つき豚ひき肉とAを加えて
　中火で炒め、肉に火が通ったらBを加える。

3　ひと煮立ちしたら火を弱め、豆腐と長ねぎを
　加えて軽くとろみがつくまで4〜5分煮る。

4　ニラを加えてやさしくひと混ぜし、器に盛っ
　て粉山椒とラー油をかける。

＊キムチには辛味だけでなく、うまみや酸味、塩気も含まれ
ているので、調味料として加えると深みのある味わいになり
ます。

鶏ひき肉で

鶏団子と
さつま揚げのスープ

材料　2人分

下味つき鶏ひき肉	酒　50ml
(p.163)　150g	水　600ml
さつま揚げ　1枚	ナンプラー　大さじ1/2
A｜おろししょうが	三つ葉・黒こしょう
小さじ1	各適量
｜パン粉　20g	
｜こしょう　少々	

作り方

1　さつま揚げは1cm幅に切る。下味つき鶏ひき肉
　とAをボウルに入れ、混ぜ合わせる。

2　鍋に酒と水を入れて強めの中火にかけ、沸騰
　したら火を弱め、1のひき肉を6等分にし、丸
　めて入れる。アクが出たら取り、さつま揚げも
　加えて6〜7分煮る。

3　団子に火が通ったら、ナンプラーを加えて味を
　調える。器に盛り、ざく切りにした三つ葉をの
　せ、黒こしょうをふる。

＊卵の入った下味つき鶏ひき肉は団子にするとふんわり仕上が
ります。鶏肉とさつま揚げからうまみが出るのでだしは使わな
くてもおいしいスープになります。もっとボリュームが欲しい
ときは春雨やビーフンなどを加えても。

豆腐ハンバーグ

材料　2人分

下味つき鶏ひき肉（p.163）　150g
木綿豆腐　1/2丁（150g）
玉ねぎ　1/4個
水菜・キムチ　各適量
生パン粉　1/2カップ
ごま油・いりごま（白）　各適量

作り方

1　豆腐は水きりをする。玉ねぎはみじん切りに
　　し、水菜は食べやすい長さに切る。

2　ボウルに下味つき鶏ひき肉と豆腐を入れ、な
　　めらかになるまで練る。粘りが出てきたら、
　　パン粉と玉ねぎを加えて混ぜ、4等分にして
　　小判形に成形する。

3　フライパンにごま油を熱し、2を中火で焼く。
　　焼き色がつくまで2分ほど焼いたら裏返し、
　　ふたをして火を弱め3〜4分蒸し焼きにし、
　　器に盛る。

4　フライパンにごま油少々を足し、キムチをさ
　　っと焼いて上にのせる。水菜を添え、ごまを
　　ふる。

＊鶏ひき肉に豆腐を混ぜたヘルシーなハンバーグ。和風の
味つけもおいしいですが、香ばしく焼いたキムチといっし
ょに食べるとパンチのきいた味わいで満足感がアップ。

鶏もも肉

鶏もも肉はマリネにしておくと、調味料の力で地鶏のような歯ごたえが出て、ジューシーになります。なんにでも使える塩マリネと、風味豊かな洋風マリネです。

塩マリネ

洋風マリネ

鶏肉の塩マリネ

ほどよい塩気で味がまとまり和洋中のおかずに便利

材料 作りやすい分量
鶏もも肉　2枚（1枚300g）　　酒　大さじ2
塩　小さじ1弱

鶏もも肉は余分な脂を取り除き、ペーパータオルで水気をふき、バットなどに入れて塩をもみ込む。1枚ずつ保存袋に酒大さじ1とともに入れ、上からもんでなじませる。

バットなどに鶏肉を入れ、全体になじませるように調味料をもみ込む。

鶏肉の洋風マリネ

にんにくとハーブの香りで
ご飯もお酒もすすみます

材料　作りやすい分量
鶏もも肉　2枚（1枚300g）
A｜塩 小さじ1/2
　｜こしょう 少々
　｜おろしにんにく 小さじ1
　｜白ワイン・オリーブ油
　｜　各大さじ1と1/2
　｜ローリエ 1〜2枚

鶏もも肉は余分な脂を取
り除き、ペーパータオルで
水気をふき、バットなどに
入れてAをもみ込む。保
存袋に1枚ずつ入れる。

memo
時間をおくとドリップが出る
ので買ってきたら早めに漬け
ましょう。好みで切ってから
漬けても。酒で臭みを取り、
塩で余分な水分が抜けてうま
みが凝縮。油が入ると皮がパ
リッと焼けます（塩マリネに
油を加えてもOK）。スープに
してもだしが出ておいしい。

鶏肉は1枚ずつ保存袋に入れると味が
しみやすい。

鶏肉の塩マリネで

から揚げ

材料　2人分

鶏肉の塩マリネ
　(p.178)　1枚

A｜しょうゆ
　　小さじ1
　みりん
　　小さじ2

B｜片栗粉　大さじ3
　小麦粉　大さじ2

揚げ油　適量
すだちの薄切り　1枚

作り方

1　鶏肉の塩マリネは8等分くらいに切り、
　　ボウルに入れてAをもみ込む。
2　別のボウルにBを合わせ、1をぎゅっ
　　と押しつけるようにして全体にまぶ
　　し、170〜180℃の揚げ油できつね色
　　になるまで揚げる。
3　器に盛り、すだちを添える。

焼き鳥丼

材料　2人分
鶏肉の塩マリネ (p.178)　1枚
長ねぎ　1/2本
A｜しょうゆ・砂糖
　　　各小さじ2
　｜酒・みりん・水　各小さじ1
卵黄　2個分
温かいご飯　丼2杯分
焼きのり・いりごま（白）　各適量

作り方

1　常温にもどした鶏肉の塩マリネと長ねぎは食
　　べやすい大きさに切り、フライパンで香ばし
　　い焼き目がつくまで中火で焼き、長ねぎは取
　　り出す。

2　フライパンの余分な油を取り除き、混ぜ合わ
　　せたAを加えてからめ、タレにとろみが出て
　　きたら鶏肉を取り出す（好みで仕上げに魚焼
　　きグリルに入れ、残ったタレを何度かつけな
　　がら香ばしく焼き上げてもよい）。

3　丼にご飯を盛り、焼きのりをちぎって散ら
　　し、鶏肉と長ねぎをのせる。フライパンに残
　　ったタレを全体にまわしかけ、中央に卵黄を
　　のせてごまをふる。

＊マリネした鶏肉は焼くとしっとり柔らかく、ジューシー
です。甘辛いタレはご飯がすすみます。卵黄を混ぜるとま
ろやかで濃厚な味わいに。

鶏肉とピーマン、
カシューナッツの炒め物

材料　2人分

鶏肉の塩マリネ
　　(p.178)　1枚
ピーマン（緑・赤）
各1個
長ねぎ　1/2本
カシューナッツ
　　1/4カップ

A｜片栗粉・サラダ油
　｜　各大さじ1
B｜オイスターソース・
　｜　鶏ガラスープ
　｜　（または水）
　｜　各大さじ1
　｜しょうゆ・酒・酢
　｜　各大さじ1/2
　｜砂糖　小さじ1/2
　｜塩・こしょう　各少々
ごま油　少々

作り方

1　鶏肉の塩マリネは2〜3cm角に切り、Aをもみ
　　込む。ピーマンは種を取り、1cm角に切る。
　　長ねぎは2cm幅のぶつ切りにする。Bは混ぜ合
　　わせる。

2　フライパンにごま油を熱し、鶏肉と長ねぎを中
　　火で炒める。ほぼ火が通ったら、ピーマン、カ
　　シューナッツを加えてさっと炒め、Bを加えて
　　全体にからめる。

＊ふんわりジューシーな鶏肉に香ばしいカシューナッツを合わ
せた、おなじみの中華料理。鶏肉に片栗粉と油をもみ込むこと
で、タレにとろみをつけてからみやすくします。

かしわうどん

材料　2人分

鶏肉の塩マリネ (p.178)　1/2枚
かまぼこ　2cm長さ
長ねぎ　10cm長さ
冷凍うどん　2玉
A｜水　700ml
　｜みりん　大さじ1と1/2
　｜薄口しょうゆ
　｜　大さじ2と1/2
　｜かつお節　15g
　｜昆布（5cm角）　1枚

作り方

1　鶏肉の塩マリネは食べやすい大きさに切り、
　　かまぼこは薄切りにする。長ねぎは斜め薄切
　　りにする。

2　鍋にAを入れて強めの中火にかけ、沸騰直
　　前で火を弱めて4分ほど煮たら、ざるなどで
　　こして別の鍋に入れる。

3　2に鶏肉を加えて火にかけ、火が通るまで煮
　　たら、かまぼこ、長ねぎを加えてさっと煮
　　る。

4　うどんは沸騰した湯に入れてほぐし、温めた
　　ら湯をきって器に盛り、3をかける。

＊福岡などの九州北部で有名な「かしわうどん」をヒント
に作った、鶏肉が主役のうどんです。鶏肉のだしが出たスー
プもおいしいです。

鶏肉の洋風マリネで

鶏肉のソテー
トマトソースがけ

材料　2人分

鶏肉の洋風マリネ（p.179）　1枚
かぶ　2個
トレヴィス　適量
トマトソース（下記）・塩・黒こしょう　各適量
パルミジャーノ・レッジャーノチーズ　適量

作り方

1　鶏肉の洋風マリネは常温にもどして半分に切る。かぶは葉を少し残して縦半分に切る。

2　フライパンを中火で熱して鶏肉を皮目から焼き、焼き目がついたら裏返し、全体で5分ほど焼く。かぶもあいているところで焼き、焼き目がついたら塩、こしょうをして取り出す。

3　鶏肉を食べやすい大きさに切り、トレヴィス、かぶとともに皿に盛る。温めたトマトソースをかけ、黒こしょうとすりおろしたチーズをかける。

●トマトソースの材料（作りやすい量）と作り方

鍋にオリーブ油大さじ3とつぶしたにんにく1片を入れて熱し、香りが出てきたら薄切りにした玉ねぎ1/4個を炒める（途中でふたをして蒸す）。トマトの水煮1缶分（400g）を鍋に加えてつぶしながら混ぜ、火を弱めて10〜15分ほど煮る。砂糖ひとつまみを加え、ひと混ぜして塩、こしょう各少々で味を調える。瓶などに入れて冷蔵庫で4日ほど保存可能（冷凍可）。

鶏肉と豆、ハーブと
りんごのオーブン焼き

材料 2人分
鶏肉の洋風マリネ（p.179） 1枚
りんご 1/2個
カリフラワー 1/6株
ミックスビーンズ（水煮） 50g
ローズマリー・タイム 各2枝
バター 10g
オリーブ油・黒こしょう 各適量

作り方

1　鶏肉の洋風マリネは4〜6等分に切り、
　　りんごは皮ごとくし形切りにして芯を
　　取る。カリフラワーは小房に分ける。
　　ミックスビーンズはさっと洗って水気
　　をきる。

2　耐熱皿に鶏肉、りんご、カリフラワ
　　ーを並べ、ハーブとバターをところ
　　どころにのせ、オリーブ油を全体に
　　まわしかける。200℃に温めたオーブ
　　ンで15分ほど焼く（途中で出てきた
　　汁気を全体にまわしかける）。

3　取り出してミックスビーンズを加え、
　　さらに10分ほど焼く。仕上げに黒こ
　　しょうをふる。

＊ジューシーな鶏肉、甘酸っぱいりんごとホクホク
の豆、歯ごたえのよいカリフラワー。簡単なのにご
ちそう感があり、おもてなしにもぴったりです。

鶏 む ね 肉

鶏むね肉は余熱でゆっくり火を入れて、しっとりジューシーなゆで鶏に。ゆで汁もスープにしたり、米を炊いたりと無駄なく使えます。
メインだけでなく、サラダなど副菜にちょっと加えるのにも便利です。

ゆでる
【保存】冷蔵庫で
3〜4日（冷凍も可）

193

ゆで鶏

好きな大きさに切ってお
かずや副菜に

1

鶏肉は常温にもどして水気をふく。厚手の
鍋にたっぷりの湯（鶏肉がかぶるくらい）
を沸かし、Aを加える。ひと煮立ちしたら、
鶏肉を加えて火を止める。

材料　作りやすい分量

鶏むね肉　2枚（水1lに対
　　しての分量）

A｜酒　50ml
　｜塩　小さじ1
　｜長ねぎの青い部分　1本分
　｜しょうがの薄切り　2〜3枚

2

ふたをしてそのまま冷めるまで2時間ほどお
き、ゆで汁ごと保存容器（冷凍の場合は保
存袋）に入れる。

memo
強火で一気に加熱するとパサつくのでゆっくり火を入れるのがポイント。
余熱で火を通せるのは2枚が限界なので肉の量は増やさないように注意。長
ねぎやしょうがの代わりに、にんにくでもOK。厚手の鍋がなければ火を
止める前に弱火で4〜5分煮てください。

ゆで鶏で

バンバンジー

材料　2人分

ゆで鶏 (p.194)　1枚	酢・ごま油
豆苗　1袋	各大さじ1/2
紫玉ねぎ　1/4個	ゆで鶏の
A｜ピーナッツペー	ゆで汁　少々
スト・練りご	長ねぎのみじん切り
ま・しょうゆ・	5cm長さ分
酒　各大さじ1	しょうがのみじん切り
砂糖　大さじ2	1片分
	ラー油　適量

作り方

1　ゆで鶏は冷たければゆで汁ごと温めておく。水
　　気をきって皮をはぎ、大きめにほぐす。

2　豆苗はさっとゆでて水気をきり、紫玉ねぎは
　　薄切りにする。Aはボウルに入れて混ぜ合わせ
　　る。

3　器に豆苗を敷いてゆで鶏と紫玉ねぎを盛り、A
　　とラー油をまわしかける。

ゆで鶏と野菜たっぷり
エスニックサラダ

材料 2人分

ゆで鶏 (p.194)
　1/2枚
水菜 1株
三つ葉 1株
セロリ 1/4本
にんじん 1/4本

A｜ナンプラー・水
　　各大さじ1
　　砂糖・レモン汁
　　各大さじ1と1/2
　　にんにくのみじん切り
　　　少々
　　赤唐辛子（種を除い
　　　てちぎる）1/2本
ピーナッツ 大さじ2
ミント・バジル
　各適量（あれば）

作り方

1　ゆで鶏は冷たければゆで汁ごと温めてお
　　く。水気をきって皮をはぎ、細めにほぐ
　　す。

2　水菜と三つ葉は4〜5cm長さに切り、セロ
　　リは筋を取って斜め薄切りにする。にん
　　じんは皮をむいて細切りにする。Aは混
　　ぜ合わせ、ピーナッツはくだく。

3　器に野菜とゆで鶏を盛り、ピーナッツを
　　散らす。あればちぎったミントやバジル
　　をのせ、Aをまわしかける。

＊酸味のきいたエスニック風味のサラダ。野菜は好みの
ものでよいですが、セロリや三つ葉、ミントやバジルな
ど香りのよいものと相性抜群。ピーナッツの香ばしさも
アクセントになります。

チキンカツ

材料　2人分
ゆで鶏 (p.194)　1/2枚
青じそ　2枚
ピザ用チーズ　小さじ2
たらこ（薄皮を取り除いたもの）　小さじ2
小麦粉・溶き卵・パン粉・サラダ油　各適量
キャベツのせん切り　適量

作り方

1　ゆで鶏は冷たければゆで汁ごと温めておく。皮をはぎ、水気をふいて、厚みをそろえて2等分にする。真ん中に切れ目を入れ、一方には青じそとチーズ、もう一方にはたらこをそれぞれはさみ（具がはずれそうなら楊枝で留めてもよい）、小麦粉、溶き卵、パン粉の順に衣をつける。

2　多めのサラダ油をフライパンに熱し、1をきつね色になるまで揚げ焼きにする。

3　2〜3等分に切って皿に盛り、キャベツのせん切りを添える。

＊具をはさめば淡白なむね肉もボリュームのあるチキンカツになります。ゆで鶏には火が通っているので、まわりをカリッと揚げ焼きにします。

治部煮風煮物

材料 2人分

ゆで鶏 (p.194)　　　　A │ だし汁　200ml
　1/4枚　　　　　　　　 │ しょうゆ　大さじ1
しいたけ　　　　　　　 │ 砂糖　小さじ2
　（または干しきのこ　 │ 酒・みりん
　p.146）　2枚　　　　 │ 　各大さじ1/2
にんじん　1/4本　　　　小麦粉　適量
生麩　1/2本　　　　　　わさび　少々
ほうれん草
　（またはゆでほうれん
　草 p.32）　2茎

作り方

1　ゆで鶏は冷たければゆで汁ごと温めておき、
　　水気をきり、そぎ切りにする。にんじんは
　　皮をむいて斜め薄切りにし、しいたけは石
　　づきを切り、縦半分に切る。生麩は1cm幅
　　に切る。ほうれん草はさっとゆでて水気を
　　絞り、食べやすい長さに切る。

2　鍋にAを入れて強火にかけ、ひと煮立ちし
　　たら火を弱め、にんじん、しいたけ、生麩
　　を加える。にんじんに火が通ったら、鶏肉
　　に小麦粉をまぶして加える。

3　煮汁にとろみがついて澄んできたら、ほう
　　れん草を加えてさっと煮る。器に盛り、わ
　　さびを添える。

＊金沢の郷土料理「治部煮」のような煮物。鶏肉に粉をま
ぶしてうまみを閉じ込め、煮汁にとろみをつけます。生麩
の代わりに厚揚げや切りもちでも。

かたまり肉

かたまり肉に塩をすり込むだけで、うまみが凝縮して保存もききます。時間が経つごとにどんどん熟成し、味に深みが出てきます。
使い勝手のよい肩ロースを選びましたが、好みで豚バラなどにしても。

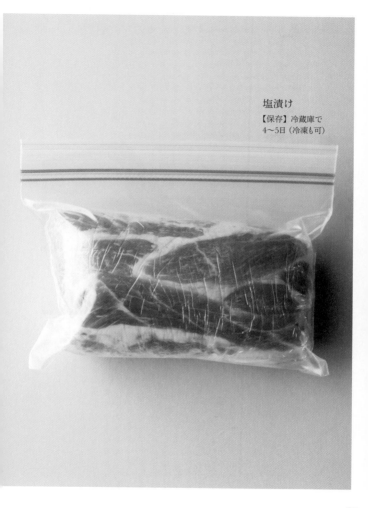

塩漬け

【保存】冷蔵庫で
4〜5日（冷凍も可）

塩豚

メイン料理のほかパスタや
スープなどの具に

1

豚肉はバットや乾いたまな板の
上にのせ、ペーパータオルで水
気をしっかりふき取る。

材料　作りやすい分量

豚肩ロース肉（かたまり）　500g
塩　大さじ1/2

2

肉全体に塩をまぶし、手でもみ
ながらまんべんなくすり込む。

3

ラップでぴったりと包み、保存
袋に入れる。

memo
ドリップが出ると臭みの原因になるので新鮮なうちに仕込みましょう。塩
の力で余分な水分が抜けてうまみが凝縮。翌日から食べられますが、4〜5
日熟成させるとより風味が強くなり、鍋やスープにすると肉からしっかり
だしが出ておいしいです。

塩豚で

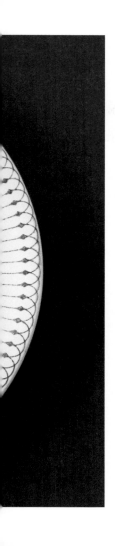

塩豚のソテー

材料　2人分

塩豚（p.206）　250g
プチトマト　4個
エリンギ　1本
れんこん（小）　4cm長さ
塩・黒こしょう　各適量

作り方

1　塩豚は縦半分に切り、5mm幅に切る。プチトマトはヘタを取り、エリンギは食べやすい大きさに割く。れんこんは皮ごと1cm幅に切る。

2　フライパンを熱し、強めの中火で塩豚を両面香ばしく焼き、黒こしょうをたっぷりふって取り出す。

3　同じフライパンで野菜を焼き目がつくまで焼き、塩、こしょうをする（トマトは先に取り出す）。塩豚とともに皿に盛る。

塩豚と海藻のスープ

材料　2人分

塩豚（p.206）　　　長ねぎ　10cm長さ
　　50g　　　　　　昆布だし　500ml
わかめ（乾燥）　　A｜酒　大さじ2
　　大さじ1　　　　｜みりん　大さじ1
ひじき（乾燥）　　　｜しょうゆ
　　大さじ1/2　　　｜　大さじ1と1/2
にんにく　1片　　　ごま油　適量

作り方

1　塩豚とにんにくは薄切りにし、長ねぎ
　　は小口切りにする。わかめとひじきは
　　それぞれ水に浸けてもどす。

2　鍋にごま油を熱し、にんにくを加えて
　　香りが出てきたら塩豚を中火で炒め
　　る。色が変わったら、水気をきったわ
　　かめとひじきを加えて炒め合わせ、全
　　体に油がなじんだら昆布だしを加える。

3　ひと煮立ちしたらAを加え、2〜3分煮
　　る。仕上げに長ねぎを加える。

塩豚と梅の
おかかチャーハン

材料　2人分

塩豚 (p.206)　　　　かつお節
　80〜100g　　　　ひとつかみ
温かいご飯　　　　酒　大さじ1
　茶碗2杯分　　　　しょうゆ
にんにく　1/2片　　　大さじ1/2
梅干し　2個　　　　塩・黒こしょう
万能ねぎ　2本　　　　各少々
　　　　　　　　　　ごま油　適量

作り方

1　塩豚は薄切りにし、にんにくはみじ
　ん切りにする。梅干しは種を除いて
　たたき、万能ねぎは小口切りにする。

2　フライパンにごま油を熱し、にんに
　くと塩豚を中火で炒める。肉の色が
　変わってきたら、ご飯を加えて焼き
　つけるように炒め、たたいた梅と酒
　を加えて炒め合わせる。

3　かつお節の半量を加え、鍋肌にしょ
　うゆをまわしかけ、塩で味を調える。
　器に盛って黒こしょうをふり、万能
　ねぎと残りのかつお節を散らす。

ローストポーク

材料　2人分

塩豚（p.206）　250g

A　にんにくのみじん切り　小さじ1
　　ハーブ（タイム、ローズマリーなど）の
　　　みじん切り　大さじ1/2（あれば）
　　黒こしょう　少々
　　オリーブ油　大さじ1

マッシュポテト（下記）　適量

クレソン・レモン　各適量

作り方

1　塩豚は常温にもどし、ペーパータオルで
　　水気をふき取ってAをまぶし、150℃に温
　　めたオーブンで50分ほど焼く。

2　肉汁が透き通っていたら取り出し、アルミ
　　ホイルなどに包んで10分ほどおく。

3　食べやすい厚さに切り、器に盛る。好み
　　でマッシュポテト、クレソン、くし形切り
　　にしたレモンを添える。

　　●マッシュポテトの材料（作りやすい量）と作り方
　　じゃがいも1個は皮をむいて1cm幅に切り、水にさ
　　らす。小鍋に水気をきったじゃがいもと牛乳200ml
　　を入れて中火にかけ、ときどき混ぜながら煮る。じ
　　ゃがいもが柔らかくなったら好みの加減につぶし、
　　バター10gを加え、塩・こしょう各少々で味を調え
　　る。

　　＊マッシュポテトは付け合わせのほか、さらっと仕上げ
　　ればソースにもなります。だし汁と砂糖を加えれば和風
　　味に。

塩豚のクリームパスタ

材料　2人分

スパゲッティ　160g　　　生クリーム　100ml
塩豚 (p.206)　200g　　　バター　15g
スナップエンドウ　　　　ナンプラー　小さじ2
　5〜6本　　　　　　　　オリーブ油　少々
　　　　　　　　　　　　黒こしょう　適量

作り方

1　塩豚は薄切りにし、スナップエンドウはヘタと筋を取り、1cm幅に切る。鍋にたっぷりの湯を沸かして塩適量（分量外）を加え、スパゲッティを袋の表示時間より2分ほど短くゆでる。

2　フライパンにオリーブ油を熱し、中火で塩豚を焼く。焼き目がついたらスナップエンドウを加えて軽く炒め、生クリームを加えて少し煮詰める。

3　2にスパゲッティをゆで汁少々とともに加え、バター、ナンプラーを加えてからめる。器に盛り、黒こしょうをたっぷりふる。

ゆで豚

材料　2人分

塩豚（p.206）250g
A｜水　800ml
　｜酒　100ml
　｜昆布（5cm角）
　｜　1枚

B｜ラディッシュの
　｜　薄切り　2個分
　｜春菊の葉　適量
本格中華こくまろダレ
（下記）　適量

作り方

1　塩豚は常温にもどし、ペーパータオルで水気
　をふき取り、Aとともに鍋に入れる。強めの
　中火にかけ、沸騰したらアクを取り、落とし
　ぶたをしてごく弱火で25分ほどゆでる。

2　そのまま粗熱を取って食べやすい大きさに切
　り、Bとともに器に盛り、タレを添える。

●本格中華こくまろダレの材料（作りやすい量）と作り方
小鍋に砂糖40g、しょうゆ90ml、酒大さじ1、八角1個、
シナモンスティック1本（半分にする）を入れて中火に
かけ、ひと煮立ちしたら火を弱めて10分ほど煮る。と
ろりとしてつやが出たら、火を止めておろしにんにく小
さじ1/4、レモン汁・ごま油各小さじ1/2を加える。瓶
などに入れて冷蔵庫で1カ月ほど保存可能。

＊ゆで汁につけたまま冷蔵庫で3日ほど保存可能。食べると
きは沸騰したゆで汁に肉を加えてゆっくり温めて。

肉の漬けダレ

肉はタレに漬けて下味をつけておけば、焼くだけで立派なおかずになります。調味料の力によって肉の臭みが取れたり、柔らかくなる効果も。
焼く前にさっとからめたり、肉の表面に塗りながら焼いたり、数日漬け込んだり、肉の種類に合わせていろいろな使い方をお試しください。

焼き肉ダレ

材料　作りやすい分量

しょうゆ　大さじ4
砂糖　大さじ2と1/2
豆板醤　小さじ2
おろしにんにく　少々
玉ねぎ・りんごのすりおろし
　　各2/3個分
ごま油　大さじ4

作り方

すべての材料を混ぜ合わせ、
保存瓶などに入れる。冷蔵
庫で1週間ほど保存可能。

＊なんでも合うピリ辛でフルーティ
ーなタレ。玉ねぎやりんごのすりお
ろしで肉が柔らかくなります。

しょうゆダレ

材料　作りやすい分量

しょうゆ　大さじ1
砂糖・酒・酢・ごま油
　　各大さじ1/2
オイスターソース　小さじ1
おろしにんにく　少々

作り方

すべての材料を混ぜ合わせ、
保存瓶などに入れる。冷蔵
庫で1週間ほど保存可能。

＊きりっとした味わいで、とくに切
り落とし牛肉におすすめ。使うとき
によく混ぜてください。

柚子こしょう
みそダレ

材料　作りやすい分量
みそ　大さじ1と1/2
砂糖　小さじ2
みりん　小さじ1
柚子こしょう・ごま油
　　各小さじ1/2
すりごま（白）　大さじ1
おろしにんにく　1/2片分

作り方
すべての材料を混ぜ合わせ、
保存瓶などに入れる。冷蔵
庫で1週間ほど保存可能。

＊厚めの肉をじっくり漬け込んだ
り、薄切り肉に塗って焼いても香ば
しく、お酒にも合います。

タンドリー
チキンダレ

材料　作りやすい分量
プレーンヨーグルト　150ml
トマトケチャップ　20ml
カレー粉　大さじ1
塩　小さじ1/2
おろししょうが・おろしにんに
　　く・レモン汁　各少々
サラダ油　小さじ1

作り方
すべての材料を混ぜ合わせ、
保存瓶などに入れる。冷蔵
庫で4日ほど保存可能。

＊鶏もも肉やむね肉で。数日漬け
込んでおくと、焼いたときに中まで
味がしみています。

バーベキュー
ダレ

材料 作りやすい分量

トマトケチャップ 大さじ2
玉ねぎのすりおろし・酢
　　各大さじ1
はちみつ・ウスターソース
　　各大さじ1/2
マスタード・おろしにんにく
　　各小さじ1/2
塩・こしょう 各少々

作り方

すべての材料を混ぜ合わせ、
保存瓶などに入れる。冷蔵
庫で4日ほど保存可能。

＊子どもも大好きな味。多めに作
って骨つき肉を漬ければパーティに
もおすすめです。

クリーミー
マリネダレ

材料 作りやすい分量

青唐辛子（またはししとう）
　のみじん切り 1個分
しょうが・にんにくの絞り汁
　　各10g
塩・黒こしょう
　　各小さじ1/2
生クリーム 60ml

作り方

すべての材料を混ぜ合わせ、
保存瓶などに入れる。冷蔵
庫で4日ほど保存可能。

＊青唐辛子のフレッシュな辛味と
生クリームの組み合わせで上品な仕
上がりに。鶏肉との相性が抜群。

冷凍に
おすすめの食材

冷凍してもおいしく食べられる食材は冷凍庫で保存しておきましょう。

トマト

アボカド

たらこ

ヘタを取って丸ごと（または小さく切る）を保存袋に入れる（くし形切りはラップに包んでから袋に入れる）。皮が手で簡単にむけるので湯むきの手間が省ける。

半分にカットして種を取り、ラップでしっかり包んで保存袋に入れる。ねっとりした食感になり、アイスクリームにしてもおいしい。

使いやすいように1本ずつラップに包んで小さめの保存袋や保存容器に入れる。自然解凍して使用。パスタやおにぎりなどの具材に便利。

豆

大豆などの豆は多め
にゆでて冷凍すると
よい。小分けしてゆ
で汁ごと保存袋に入
れ、平らにして保存
する。ゆで汁もスー
プなどに活用。

スープストック

スープの素になる鶏
ガラスープやゆで鶏
(p.194) のゆで汁な
どは冷凍しておくと
便利。小分けにして
保存袋に入れ、平ら
にして保存する。

レモン汁

レモン果汁を搾って
保存容器や瓶に入れ
て冷凍。フォークな
どでかき出し、ちょ
っとレモン汁が必要
なときに加えられて
便利。トッピングに
も使える。

魚貝の保存は難しいイメージがあると思いますが、
下ごしらえをするときにひと工夫すれば、
おいしく保存できます。
ゆでるときに臭みを取るための素材を
いっしょに入れたり、
塩麹漬けやみそ漬けにして
身をふっくら柔らかくしたり、
ひとつひとつの素材の特徴に合わせた
下ごしらえを紹介します。

第3章

魚貝の
下ごしらえ

鮭

鮭は魚の中でも扱いやすく、お弁当や朝食でも定番です。
塩麹漬けにすると柔らかくなり、そのまま焼くだけでもおいしい。
ゆでておけば、おかずやチャーハンなどにさっと加えられます。

塩麹漬け

【保存】冷蔵庫で
3〜4日（冷凍も可）

ゆでる

【保存】冷蔵庫で
4〜5日

鮭の塩麹漬け

材料　作りやすい分量
生鮭　3切れ
塩麹　大さじ3

鮭はペーパータオルで水気をふ
き、バットなどに入れて塩麹を
全体にまぶし、保存容器（冷凍
の場合は保存袋）に入れる。

memo
塩麹をまぶすので塩味のついていない生鮭を使用。塩麹の力で臭みが消え
て身がふっくら柔らかくなります。調理のときは塩麹をぬぐってから使い
ます。焼いたり、炒めたり、スープにしてもだしが出ておいしいです。麹
のうまみで風味よく仕上がります。

ゆで鮭

加熱済みだから具としてすぐ
に使えます

材料　作りやすい分量
甘塩鮭　3切れ
酒　大さじ2

鍋に湯を沸かし、酒を加え、鮭を入れて火を弱める。湯面がゆらゆ
らするくらいの火加減で5分ほどゆで、冷めたら保存容器に入れる。

memo
ゆでるときに酒を加えて臭みを取り、弱火でゆっくり火を入れるとしっと
り仕上がります。すぐにゆで上がるので火を止めて余熱で火を入れても。
甘塩鮭を使うと塩気がきいて調味がラク。ほぐしてフレークにしたり、コ
ロッケやオムレツなどに加えても。

鮭の塩麹漬けで

塩麹鮭のごま焼き
黄身おろし添え

材料　2人分
鮭の塩麹漬け（p.230）　2切れ
いりごま（白）　適量
大根おろし　5cm長さ分
卵黄　1個分

作り方
1　鮭は塩麹をぬぐい、全面にごまをま
　　ぶす。魚焼きグリルで香ばしくなる
　　まで5〜6分焼く。
2　大根おろしに卵黄を混ぜ合わせ、黄
　　身おろしを作る。1とともに皿に盛
　　る。

＊黄身おろしはコクがあり、彩りもきれいです。
ほかに大根に赤唐辛子を差し込んですりおろす赤
い色をした「もみじおろし」も。

鮭の炊き込みご飯

材料　2人分

白米　2合
鮭の塩麹漬け (p.230)　1〜2切れ
しょうがのせん切り　1片分
塩麹　小さじ1
酒　大さじ1
せり・青じそ　各適量

作り方

1　米はといで30分ほどざるに上げ
　　ておく。鮭は塩麹をぬぐい、小
　　骨を取る。

2　炊飯釜に米を入れ、塩麹、酒を
　　加え、2合の目盛りまで水を注い
　　でひと混ぜし、鮭としょうがを
　　のせて普通に炊く。

3　鮭の皮を除いて全体をさっくり
　　混ぜ、器に盛る。仕上げにざく
　　切りにしたせりとせん切りにし
　　た青じそをのせる。

＊お茶漬けにしてもおいしい。鍋で炊くとき
はしょうがを炒めるとコクと香ばしさがアッ
プ。きのこやれんこん、ごぼうを加えても。

鮭のみそ汁

材料　2人分
鮭の塩麹漬け（p.230）　1切れ
にんじん　1/4本
玉ねぎ　1/4個
じゃがいも　1個
だし汁　400ml
みそ　小さじ2〜大さじ1

作り方

1　鮭は塩麹をぬぐって小骨を取り、4
　　等分に切る。野菜は皮をむいて食べ
　　やすい大きさに切り、じゃがいもは
　　さっと水にさらす。

2　小鍋にだし汁と水気をきったじゃが
　　いも、にんじんを入れて強火にかけ、
　　煮立ったら弱火にして3分ほど煮る。

3　玉ねぎと鮭を加え、火が通るまで煮
　　たらみそを溶き入れる。

＊おかず代わりにもなる具だくさんのみそ汁。鮭
からもおいしいだしが出ます。キャベツやきのこ
を加えたり、具は好みでアレンジしてください。

塩麹鮭と
淡い野菜の蒸し煮

材料　2人分

鮭の塩麹漬け（p.230）　1切れ
キャベツ　1/4個
かぶ　1〜2個
A｜　塩麹　小さじ1
　　酒　大さじ2
　　水　大さじ2〜3

作り方

1　鮭は塩麹をぬぐって小骨を取り、4等分に切
　　る。キャベツはざく切りにし、かぶは縦に
　　薄切りにする。

2　フライパンに1とAを入れて強めの中火にか
　　け、沸騰したらふたをして火を弱め、全体
　　に火が通るまで蒸し煮にする。

＊フライパンに材料を入れて火にかけるだけ。鮭のうまみ
が野菜にしみ込み、ふっくら、しっとり仕上がります。白
菜や大根でもおいしいです。

ゆで鮭で

鮭フレーク

材料　2人分

ゆで鮭 (p.231)　2切れ
みりん　小さじ1

作り方

1　ゆで鮭は骨と皮を取り除き、軽くほ
　　ぐす。

2　フライパンに1を入れ、木べらなどで
　　細かくなるまで炒める。仕上げにみ
　　りんを加え、全体がなじむまで混ぜ
　　合わせる。

＊ごまや梅肉、青じそなどを加えてもおいしい。
冷蔵庫で1週間ほど保存可能（冷凍も可）。ごはん
にのせたり、チャーハンやコロッケの具にしたり
と便利です。

鮭とクリームチーズの
オムレツ

材料 2人分

ゆで鮭（p.231） 1/2切れ

クリームチーズ（小分けタイプ）
 2個（約40g）

A | 卵 3個
 | 塩・こしょう・牛乳
 | 各少々

オリーブ油・タイム 各適量

作り方

1 ボウルにAを入れ、フォークなどで卵
 を溶きながら混ぜ合わせる。

2 ゆで鮭は骨と皮を取り除いてほぐし、
 ちぎったクリームチーズとともに1に加
 える。

3 フライパン（直径20cmほど）にオリー
 ブ油を熱し、2を流し入れて強めの中火
 で焼く。まわりがふつふつしてきたら、
 全体を大きくかき混ぜ、底面は香ばし
 く、表面は半熟にふんわりと焼き上げ
 る。皿に盛り、タイムの葉を散らす。

＊卵と具を流し込んで焼くだけのオープンオムレツ。
薄焼きにして底面はカリッと香ばしく焼き上げます。
ゆで鮭のほどよい塩気とクリームチーズのまろやかな
酸味が好相性。おつまみにもおすすめです。

さ　　　　　　　　ば

さばは脂が多い魚
なので、ゆでても
パサつかず、スト
ックに向いています。
一年中売られてい
ますが、旬を迎える
と、身が丸々として
風味もよいです。
メインのおかずとし
てはもちろん、ほぐ
して副菜に加えても。

ゆでる

【保存】冷蔵庫で3日

ゆでさば

炒め物や揚げ物、煮物も
短時間で完成

1

さばは水気をふいて骨を取り除き、半身を
4〜5等分に切る。鍋に湯を沸かし、酒とし
ょうがの皮を加える。

材料　作りやすい分量

さば（3枚おろし）　1尾分　　酒　大さじ2
　　　　　　　　　　　　　　しょうがの皮　1～2枚

2

さばを加えて弱めの中火で3分ほどゆで、冷
めたら保存容器に入れる。

memo
臭みを取るために酒やしょうがといっしょにゆでます。臭みを取る素材は
ローリエやにんにく、長ねぎなどでも。加熱済みなので調理がラクで、粉
をまぶして揚げ焼きにしたりとあとで少し油を足すと、ふっくらしてより
おいしく味わうことができます。

ゆでさばで

さばチリ

材料　2人分

ゆでさば（p.246）　1尾分

A｜トマトケチャップ・水　各大さじ1
　｜しょうゆ　小さじ1と1/2
　｜はちみつ　小さじ2
　｜おろししょうが　小さじ1
　｜おろしにんにく・豆板醤　各少々

紫玉ねぎ　1/4個

片栗粉・ごま油　各適量

作り方

1　ゆでさばは片栗粉をまぶす。紫玉ね
　　ぎは薄い輪切りにする。Aは混ぜ合
　　わせ、チリソースを作る。

2　フライパンにごま油を熱し、中火で
　　さばを両面香ばしく焼き、Aを加え
　　て全体にからめる。

3　器に紫玉ねぎを敷き、2を盛る。

＊えびチリのさばバージョン。ゆでさばは片栗粉
をまぶして表面をカリッと香ばしく焼き、ソース
にとろみをつけてからみやすくします。

さばの和風あんかけ

材料　2人分

ゆでさば (p.246) 　　1/2尾分 えのきだけ　40g 白菜　1枚 万能ねぎ　3本	A	だし汁　200ml 薄口しょうゆ・ 　みりん 　各小さじ2 塩・しょうがの 　絞り汁　各少々
水溶き片栗粉　適量		

作り方

1　えのきだけは石づきを切り落とし、3cm
　　長さに切る。白菜は1cm幅に切り、万
　　能ねぎは3cm長さに切る。

2　鍋にAを入れて火にかけ、ひと煮立ち
　　したら、えのきだけと白菜を加えて弱め
　　の中火で煮る。

3　白菜がしんなりしたら、ゆでさばと万能
　　ねぎを加えて軽く煮、水溶き片栗粉を
　　少しずつ加えて混ぜ、とろみをつける。

＊好みで七味唐辛子をふってもおいしいです。

さばの甘酢炒め

材料　2人分

ゆでさば (p.246) 　1/2尾分	A｜砂糖・黒酢　各大さじ1
	酢　大さじ1/2
玉ねぎ　1/4個	しょうゆ・酒　各小さじ1
パプリカ（赤） 　1/4個	鶏ガラスープ　大さじ2
	片栗粉　小さじ1/2
ピーマン　1個	塩・こしょう　各少々
プチトマト　3個	片栗粉・ごま油・いりごま （白）各適量

作り方

1　ゆでさばは片栗粉をまぶす。パプリカとピーマンは種を取り、玉ねぎとともに3cm角に切る。プチトマトはヘタを取って半分に切る。Aは混ぜ合わせ、甘酢ダレを作る。

2　フライパンにごま油を熱し、中火でさばを両面香ばしく焼いて取り出す。

3　フライパンをきれいにしてごま油少々を加え、野菜を焼く。しんなりしたらさばとAを加え、全体にからめる。器に盛り、ごまをふる。

＊ゆでさばは片栗粉をまぶし、表面を焼いて加えると香ばしく、ふんわり。甘酢あんもしっかりからみます。

さばとにんじんの
ハーブマヨサラダ

材料　2人分
ゆでさば（p.246）　1/4尾分
にんじん（または塩もみにんじん p.20）　ひとつかみ
玉ねぎ　1/4個
A｜マヨネーズ　大さじ2
　｜プレーンヨーグルト・塩・こしょう　各少々
ディル　適量

作り方

1　ゆでさばは皮を取り除き、適当な大きさにほぐ
　　す。にんじんは皮をむいて細切りにし、塩少々
　　（分量外）をもみ込む。玉ねぎは薄切りにし、
　　水にさらす。ディルはざく切りにする。

2　ボウルにAを入れ、さばと水気をきった玉ね
　　ぎを加えて和え、味を調える。

3　器に水気を絞ったにんじんを盛り、2とディル
　　をのせる。

＊さばとにんじんを混ぜてから器に盛っても。

え　び

丸ごと食べるのもおい
しいですが、ストックする
ならミンチがおすすめ。
団子にしたり、炒め物
や煮物に加えたり、コ
ロッケにしたりと、ひき
肉のようにほかの素材
と合わせていろいろな
料理に展開できます。

ミンチ

【保存】冷蔵庫で
2〜3日（冷凍も可）

えびミンチ

少量加えるだけでおかず感がアップ

1

えびは殻をむいて背に包丁で切り目を入れ、背わたを取る。

2

1をボウルに入れて塩、片栗粉、水を加えてもみ、汚れがにじんできたら、流水できれいに洗い流す。

材料 作りやすい分量

| 殻つきえび（ブラックタイガー） 200g | A | 塩 小さじ1/2 |
| 塩・片栗粉・水 各少々 | | 酒 小さじ2 |

3

水気をしっかりふき取り、小さく切る。

4

包丁で粗めにたたき、ボウルでAと混ぜ合わせ、保存容器（冷凍の場合は保存袋）に入れる。

memo
むきえびでも問題ないですが、殻つきの方が風味がよいです。臭みを取るため下処理はしっかり行なってください。えびはうまみが強く、和洋中エスニックとなんでも合います。にんにくやしょうがと相性がよいので、好みで下味におろしたものを少し加えても。

えびミンチで

えび豚肉巻きの煮物

材料　2人分

えびミンチ（p.258）
　　100g
豚ロース薄切り肉
　（しゃぶしゃぶ用）
　　16枚

A｜みりん　小さじ1
　｜こしょう・しょうゆ・
　｜しょうがの絞り汁
　｜　各少々
B｜だし汁　300ml
　｜しょうゆ・みりん
　｜　各大さじ1
水菜　1株
水溶き片栗粉　適量

作り方

1　えびミンチは少したたいてなめらかにし、
　　Aを混ぜる。水菜は5cm長さに切る。

2　豚肉は2枚1組にして少し重ねておき、1の
　　えびミンチの1/8量をのせて包みながら丸
　　める。同様にしてあと7本作る。

3　鍋にBを入れて強めの中火にかけ、ひと煮
　　立ちしたら火を弱めて2を加え、落としぶ
　　たをして10分ほど煮る。水溶き片栗粉を少
　　しずつ加えて混ぜ、とろみをつける。器に
　　盛り、水菜をのせる。

＊えびミンチを豚肉で巻いたボリュームのある煮物。煮
汁はからみやすいようにとろみをつけます。好みで大根
おろしを加えても。

えびのれんこん
はさみ揚げ

材料　2人分
えびミンチ（p.258）　80g
れんこん　1節
長ねぎのみじん切り　5cm長さ分
片栗粉・サラダ油・柚子こしょう　各適量

作り方

1　れんこんは8mm幅の8枚の輪切りにし、水にさらす。えびミンチに長ねぎを混ぜる。

2　れんこんの水気をふいて片面に片栗粉をまぶし、えびミンチを1/4量のせ、もう1枚のれんこんを重ねてはさむ。同様にあと3組作り、それぞれ全体に片栗粉をまぶす。

3　フライパンに多めのサラダ油を熱し、2の両面を火が通るまで揚げ焼きにする。器に盛り、柚子こしょうを添える。

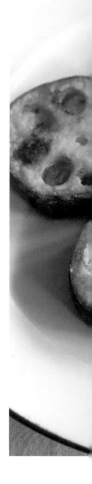

えびのエスニック揚げ

材料　2人分

えびミンチ (p.258) 100g	A	レッドペッパー 小さじ1/3
玉ねぎ　1/8個		ターメリック　少々
ししとう　2本		片栗粉・きな粉
にんにく　1/2片		各大さじ2
香菜　1株		揚げ油　適量

作り方

1　玉ねぎ、ししとう、にんにくはみじん切りにし、香菜は粗みじん切りにする。

2　ボウルにえびミンチと1を入れてさっと混ぜ合わせ、Aを順に加えてよく混ぜる（混ざりにくい場合は水少々を加える）。

3　ティースプーンくらいの大きさに丸め、170〜180℃の揚げ油できつね色になるまで揚げる。

い　か

いかはさばくのが面
倒で敬遠されがちで
すが、慣れれば意
外と簡単です。
みその力で臭みが取
れ、驚くほど身が柔
らかくなります。
焼くだけでも充分お
いしく、おつまみに
もぴったりです。

みそ漬け

【保存】冷蔵庫で
2〜3日（冷凍も可）

いかのみそ漬け

煮物や炒め物のほか、
ご飯と炊いても

1

するめいかは胴の中
に指を入れ、わたと
胴の継ぎ目を探して
少しずつはがす。軟
骨も抜く。

2

左手で胴を持ち、右
手で足を持って内臓
ごと静かに引き抜く。

3

目の下に包丁を入れ
て足を切り落とし、
くちばしが残ってい
たら取り除く。

材料　作りやすい分量

するめいか　2杯

A｜みそ　100g
　｜みりん・酒
　｜　各大さじ1
　｜砂糖　小さじ2

4

わたは目の上ぎりぎりに包丁を入れて切り離す。

5

足は包丁でぬめりをこそげ取り、洗って食べやすい大きさに切る。

6

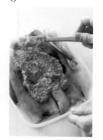

Aを混ぜ合わせ、保存容器に1/3量ほどを入れる。いかを並べ入れ（好みでわたも入れる）、残りのAを覆うように塗り広げる。

memo
いかが新鮮なうちに漬けましょう。みその力でいかの生臭さが取れて風味がよくなり、身が柔らかくなります。加熱してもかたくならず、いつまでも柔らかいままです。調理のときはいかのみそをぬぐいます。みそ床のみそは調味料としても使えます。

いかのみそ漬けで

いかカレー

材料 2人分

いかのみそ漬け
　（p.268）1杯分
ほうれん草（またはゆで
　ほうれん草p.32）
　2茎
しょうが・にんにくの
　みじん切り
　各小さじ1
赤唐辛子
　（種を取り除く）　1本

カレー粉　大さじ1/2
小麦粉　大さじ1
だし汁（または水）
　300ml
酒　大さじ1
しょうゆ・砂糖
　各少々
ごま油　適量
温かいご飯
　茶碗2杯分

作り方

1　いかは胴を輪切りにする。ほうれん草はさっ
　　とゆでて水気を絞り、食べやすい長さに切る。

2　フライパンにごま油を熱し、しょうが、にん
　　にく、赤唐辛子を炒める。香りが出たらいか
　　を加えてさっと炒め、カレー粉、小麦粉を加
　　えて炒め合わせる。粉気がなくなったら、だ
　　し汁（または水）と酒を加え、とろみが出て
　　くるまで中火で煮込む。

3　仕上げにほうれん草を加え、しょうゆ、砂糖
　　で味を調えたら、器に盛ったご飯にかける。

＊いかがしっとり柔らかく煮え、カレーにもうまみがしみ込
んで味わい深くなります。好みで焼いたさつまいもを添えて
もおいしいです。

いかの炒め物

材料 2人分

いかのみそ漬け (p.268)　　　A | しょうゆ　小さじ1
　1杯分　　　　　　　　　　　　 | みりん・砂糖
エリンギ　1本　　　　　　　　 | 　各少々
長ねぎ　1/2本　　　　　　　ごま油・すりごま（白）
　　　　　　　　　　　　　　　各適量

作り方

1　いかは胴を1.5cm幅の輪切りにし、エリンギは長
　　さを3等分にして食べやすい大きさに割く。長ね
　　ぎは1cm幅の斜め切りにする。

2　フライパンにごま油を熱し、エリンギと長ねぎを
　　中火で炒め、焼き目がついたらいかを加えて炒
　　め合わせる。

3　いかが白くなってきたらAを加え、好みでみそ床
　　のみそ適量（分量外）を加え、味を調える。器
　　に盛り、ごまをふる。

いか焼きそば

材料　2人分

焼きそばの麺　2玉
いかのみそ漬け (p.268)
　1/2杯分 (足も含む)
パプリカ (黄)　1/4個
干し白菜 (p.111 または
　白菜)　1/2枚
しょうが　1片
酒　大さじ1

A｜みそ (いかの
　｜みそ床)
　｜大さじ2
　｜しょうゆ
　｜小さじ2
　｜みりん (または
　｜砂糖)　少々

ごま油・青のり
　各適量

作り方

1　いかは胴を1cm幅の輪切りにする。しょうが
　　はせん切り、種を取ったパプリカ、白菜は長
　　さを合わせて1cm幅に切る。
2　フライパンにごま油を中火で熱してしょうが
　　を炒め、香りが出てきたら、パプリカ、白菜
　　を加え、焼き色がついたら、いかを加えてさ
　　っと炒める。
3　電子レンジで軽く温めた麺と酒を加えてほぐ
　　すようにして炒め合わせ、Aを加えて味を調
　　える (あればいかのわたを半分ほど加えると
　　コクが増す)。器に盛り、青のりをふる。

万能ソース & タレ

下ごしらえ済みの食材を使うときでも、ソースやタレにひと手間かけるだけで、いつものおかずが少し贅沢な味わいに変わります。
炒め物の調味料として使ったり、肉や魚のソテーにかけたりと、いろいろな素材に合わせることができるおすすめのソースとタレです。

ピリ辛ごまダレ

材料 作りやすい分量
練りごま（白） 大さじ3
酢 大さじ2
しょうゆ・水 各大さじ1
豆板醤 小さじ1
砂糖 小さじ1/2

作り方
すべての材料を混ぜ合わせる。冷蔵庫で3日ほど保存可能。

＊コクがあってまろやかなピリ辛ダレ。ゆで鶏（p.194）やゆで野菜に合います。餃子のタレにも。

コクマヨダレ

材料 作りやすい分量
マヨネーズ 大さじ5
砂糖 大さじ2
牛乳 小さじ1
レモン汁 大さじ1/2
塩・粗びき黒こしょう 各少々

作り方
すべての材料を混ぜ合わせる。冷蔵庫で2日ほど保存可能。

＊ゆでたカリフラワーや 白菜、じゃがいもなど、白い食材によく合います。炒め物の調味にも。

チリソース

材料　作りやすい分量

鶏ガラスープ　300ml
トマトケチャップ　120ml
酒　大さじ3
砂糖　大さじ2
豆板醤　大さじ1
塩　小さじ2
こしょう　少々

作り方

鍋にすべての材料を入れて
中火にかけ、とろみがつく
まで煮て冷ます。冷蔵庫で
10日ほど保存可能。

＊えびチリやタラのチリ卵ソースの
ような炒め物に。魚や肉との相性
がよいです。

韓国風
さっぱりダレ

材料　作りやすい分量

コチュジャン・酢・レモン汁
　　各大さじ2
しょうゆ　大さじ1
砂糖　大さじ1/2
おろししょうが・
　おろしにんにく・
　いりごま（白）　各少々

作り方

すべての材料を混ぜ合わせ
る。冷蔵庫で4日ほど保存可
能。

＊魚貝や生野菜とよく合います。
色がとてもきれいなので、かけるだ
けで華やかな仕上がりに。

薬味塩ダレ

材料 作りやすい分量

きゅうり　1本
しょうが　15g
長ねぎ　1/2本
塩　小さじ1
ごま油　大さじ2

作り方

1　きゅうりは角切りにし、しょうがはみじん切り、長ねぎは粗みじん切りにする。
2　ボウルに1と塩、ごま油を入れて混ぜる。冷蔵庫で2日ほど保存可能。

＊さっぱりして食感のよいタレ。ゆで鶏（p.194）など淡白な素材と相性がよく、冷や奴にかけても。

グリーンの
ソース

材料 作りやすい分量

A｜三つ葉　1株
　｜セロリの葉　1株分
　｜青唐辛子　1本
　｜しょうが　10g
砂糖　小さじ2
クミンパウダー　小さじ1
塩　小さじ1/2
レモン汁　1個分
水　30～40ml

作り方

ざく切りにしたAと残りの材料をミキサーに入れて攪拌する。冷蔵庫で4日ほど保存可能。

＊風味豊かでスパイシーなソース。ゆでじゃがいもや豆に和えたり、揚げ物のソースにも合います。

あると便利な
定番常備菜

常備菜は何品も作る
のは大変だけど、定
番メニューはやっぱり
あると重宝します。
同じものでも味つけや
素材を替えれば、レ
パートリーが広がります。

きんぴら

おなじみのごぼうとにんじんの甘辛いきんぴらに、ナンプラー風味のれんこん、スパイシーなごぼうのきんぴらもおすすめ。

ごぼうと
にんじんの
きんぴら

材料　作りやすい分量

ごぼう　100g（1/2 本）
にんじん　50g（1/3本）
砂糖　大さじ1/2
しょうゆ　大さじ1
みりん　大さじ1/2
赤唐辛子（種を除いたもの）
　1/2〜1本
サラダ油　適量

作り方

1　ごぼうはよく洗って皮つきのまま5cm長さの細切りにし、水にさらす。にんじんは皮をむいて5cm長さの細切りにする。

2　フライパンにサラダ油を熱し、赤唐辛子を加えてさっと炒め、水気をきったごぼうとにんじんを中火で炒める。

3　油がなじんだら砂糖を加えてなじませ、残りの調味料を加えて汁気がなくなるまで炒める。冷めたら保存容器に入れる。

＊冷蔵庫で4〜5日保存可能。好みでごまをふっても。

れんこんのきんぴら

材料　作りやすい分量

れんこん　1節（150g）　　塩・こしょう　各少々
酒　大さじ1　　　　　　　ごま油・いりごま（白）
ナンプラー　小さじ1　　　　各適量

作り方

1　れんこんは皮をむいて3mm幅の薄切りにし（大きければ半月切りにする）、水にさらす。
2　フライパンにごま油を熱し、水気をきったれんこんを中火で炒める。透明になってところどころに焼き目がついたら、酒をふる。
3　水分がなくなってきたら、ナンプラーを加えて塩、こしょうで味を調え、ごまをふる。冷めたら保存容器に入れる。

＊冷蔵庫で4〜5日保存可能。ナンプラーがない場合はしょうゆで代用しても。

ごぼうのクミンきんぴら

材料　作りやすい分量

ごぼう　200g（1本）　　　しょうゆ　大さじ1/2
クミンシード　小さじ1　　　酒　大さじ1
砂糖　小さじ2　　　　　　　オリーブ油　適量

作り方

1　ごぼうはよく洗って皮つきのまま細めの乱切りにし、水に5分ほ
　　どさらす（水を何度か替えながら）。
2　フライパンにオリーブ油とクミンシードを熱し、小さな泡が出て
　　きたら、水気をきったごぼうを加えて中火でじっくり炒める。
3　油がなじんだら砂糖を加え、香ばしい焼き目がついてつやが出て
　　きたら、残りの調味料を加え、汁気がなくなるまで炒める。冷め
　　たら保存容器に入れる。

＊冷蔵庫で4〜5日保存可能。クミンの風味でおかず感がアップします。

ピクルス

野菜1種で作るとてもシンプルなピクルスです。洋風、甘酢、レモン汁とピクルス液の味を変えて楽しみます。

玉ねぎピクルス

材料 作りやすい分量

玉ねぎ 1個
白ワインビネガー
　50ml
水 100ml
はちみつ 大さじ1/2
塩 少々
ローリエ 1枚
黒こしょう（粒）
　少々

作り方

1　玉ねぎは繊維と垂直に薄切りにする。
2　小鍋に白ワインビネガーと水を入れて強めの中火にかけ、煮立ったら、残りの調味料とローリエを加える。ひと煮立ちしたら火を止め、1とともに保存瓶などに入れて冷ます。

＊冷蔵庫で4〜5日保存可能。カレーや肉などの付け合わせに。このピクルス液に好みの野菜を漬けても。

しょうがピクルス

材料　作りやすい分量

新しょうが（またはしょうが）
　　120g

A｜水　　100ml
　｜酢　　80ml
　｜砂糖　大さじ1と1/2

作り方

1　しょうがはよく洗い、汚れているところや傷んでいるところは除
　　く。4cm長さに切り、縦に薄切りにする。小鍋にAを入れて中火
　　にかけ、沸騰したら火を止めて粗熱を取る。

2　別の鍋に湯を沸かし、しょうがをさっとゆでてざるに上げ、塩
　　少々（分量外）をふる。

3　2の水気を軽く絞って1の鍋に加え、なじませたら保存瓶などに入
　　れる。

＊冷蔵庫で1ヶ月半ほど保存可能。ご飯や寿司飯に混ぜてもおいしいです。

にんじんピクルス

材料　作りやすい分量
にんじん　120g（小1本）
レモン汁　60〜90ml
塩　少々

作り方
1　にんじんは皮をむいて薄い半月切りにし、塩をふってなじませる。
2　保存瓶などに1を入れ、しっかり浸るまでレモン汁を入れる。

＊冷蔵庫で4日ほど保存可能。レモン汁に浸すとにんじんがフルーティーになるので、
サラダ感覚でそのままたくさん食べられます。

そぼろ

和風、甘辛みそ、中華風の3種類の
そぼろ。ご飯にのっけたり、麺やスー
プに加えたり、あると何かと便利です。

和風そぼろ

材料　作りやすい分量

鶏ももひき肉　200g
A｜みりん・しょうゆ・酒
　　　各大さじ1
　　水　大さじ2
　　砂糖　少々

作り方

鍋にAを入れて中火にかけ、ひと煮
立ちしたら鶏ひき肉をほぐしながら
加える。アクを取りながら肉に火が
通るまで煮る。冷めたら保存容器
に入れる。

＊冷蔵庫で4〜5日保存可能（冷凍も可）。
ご飯に合うやさしい味わいのそぼろです。

甘辛みそそぼろ

材料　作りやすい分量

合いびき肉　200g
A｜おろししょうが・
　｜おろしにんにく　各少々
　｜酒　大さじ1

みそ・コチュジャン
　各小さじ2
砂糖　大さじ1
ごま油　適量

作り方

1　合いびき肉にAをもみ込んでおく。

2　フライパンにごま油を熱し、強めの中火で1を炒める。ほぼ火が
　　通ったら、残りの調味料を加えて火を弱め、みそが焦げないよう
　　に火が通るまで炒め合わせる。冷めたら保存容器に入れる。

＊冷蔵庫で4〜5日保存可能（冷凍も可）。ピリ辛のそぼろは麺やチャーハンの具材に
も合います。

中華風そぼろ

材料　作りやすい分量

豚ひき肉　200g	A	酒・水　各大さじ2
桜えび　大さじ1		砂糖　大さじ1
		しょうゆ　大さじ1強
		オイスターソース　小さじ1
	ごま油　適量	

作り方

1　桜えびは刻み、フライパンでさっとから煎りする。

2　フライパンにごま油を熱して豚ひき肉をしっかり炒め、Aを加えて煮る。完全に火が通ったら、桜えびを加えて炒め合わせる。冷めたら保存容器に入れる。

＊冷蔵庫で4〜5日保存可能（冷凍も可）。桜えびの香ばしい風味がアクセントに。

煮卵

ご飯がすすむ和風味、豊かな風味の中華味、
シンプルな塩味の煮卵。お弁当やおつまみに
もぴったりです。卵のゆで加減は好みで。

こっくり和風煮卵

材料　作りやすい分量

ゆで卵（下記参照）　4個

煮汁　水　100ml
　　　酒　50ml
　　　砂糖　小さじ2
　　　しょうゆ・みりん
　　　　各大さじ3
　　　黒こしょう（粒）
　　　　小さじ1/2
　　　にんにく（潰す）　1片

作り方

煮汁の材料を小鍋に入れて中
火にかけ、ひと煮たちしたら、
ゆで卵とともに保存容器に入
れて冷ます。ときどき転がしな
がら2〜3時間漬ける。

＊冷蔵庫で3日ほど保存可能。こしょ
うを赤唐辛子に替えても。にんにくは
好みではずしてもよいです。

半熟

かたゆで

●**ゆで卵の材料と作り方（作りやすい分量）**
卵は常温にもどす。鍋に湯を沸かして酢・塩各少々を加え、お
たまなどを使ってそっと卵を入れる。再び沸騰したら、ときど
きかき混ぜながら5分ほどゆでると半熟卵、10分ほどゆでると
かたゆで卵になる。

中華煮卵

材料　作りやすい分量

ゆで卵（左ページ参照）　4個
煮汁 ｜ ウーロン茶（または水）
　　　　　100ml
　　　酒　50ml
　　　砂糖　大さじ2
　　　しょうゆ　大さじ2と1/2
　　　八角　1個
　　　粒山椒・黒こしょう（粒）
　　　　各小さじ1/2

作り方

煮汁の材料を小鍋に入れて中火にかけ、ひと煮たちしたら、ゆで卵とともに保存容器に入れて冷ます。ときどき転がしながら2〜3時間漬ける。

＊冷蔵庫で3日ほど保存可能。ウーロン茶を使うとほのかな香ばしさが加わります。

塩ゆで卵

材料　作りやすい分量
ゆで卵（p.290参照）　4個
水　　250ml
塩　　小さじ1

作り方

1　小鍋に分量の水を入れて火にかけ、沸騰したら塩を加えて完全に
　　溶かす。

2　保存容器に1とゆで卵を入れて冷ます。ときどき転がしながら2～
　　3時間漬ける。

＊冷蔵庫で3日ほど保存可能。つぶしてサンドイッチの具にしたりサラダに加えても。

プロフィール

中山智恵（なかやまちえ）

料理店での経験を経て、雑誌やテレビ、広告やイベント、ケータリングなど多方面で活躍中。素材の持ち味を生かして丁寧に作られた、温かくて力強い料理が評判。また、料理を作る工程の美しさにも定評がある。著書に『定食弁当』（主婦と生活社）。

STAFF

写真	澤木央子
スタイリング	本郷由紀子
デザイン	茂木隆行

※本書は『下ごしらえ』があればラクおかず』（2014年10月／小社刊）を再編集し、文庫化したものです。

マイナビ文庫

下ごしらえでラクおかず

2023 年 2 月 25 日　初版第 1 刷発行

著　者	中山智恵
発行者	角竹輝紀
発行所	株式会社マイナビ出版
	〒 101-0003 東京都千代田区一ツ橋 2-6-3 一ツ橋ビル 2F
	TEL 0480-38-6872（注文専用ダイヤル）
	TEL 03-3556-2731（販売）／ TEL 03-3556-2735（編集）
	E-mail pc-books@mynavi.jp
	URL https://book.mynavi.jp

カバーデザイン	米谷テツヤ（PASS）
本文デザイン	石川健太郎（マイナビ出版）
印刷・製本	中央精版印刷株式会社

◎本書の一部または全部について個人で使用するほかは、著作権法上、株式会社マイナビ出版および著作権者の承諾を得ずに無断で複写、複製することは禁じられております。◎乱丁・落丁についてのお問い合わせは TEL 0480-38-6872（注文専用ダイヤル）／電子メール sas@mynavi.jp までお願いいたします。◎定価はカバーに記載してあります。◎本書の記載は 2023 年 2 月現在の情報に基づいております。◎本書中の会社名、商品名は、該当する会社の商標または登録商標です。

プレゼントが当たる! マイナビBOOKS アンケート

本書のご意見・ご感想をお聞かせください。
アンケートにお答えいただいた方の中から抽選でプレゼントを差し上げます。
https://book.mynavi.jp/quest/all

MYNAVI BUNKO

症状別
毎日の薬膳ごはん

青山有紀 著

元気がないなと思ったとき、なんだか調子がよくないな、と思ったとき。そんなときに、「薬膳」の知識を借りて、食を通じて元気になってもらおうと考えたレシピを、症状別にまとめました。疲れや風邪、便秘など、日々悩みがちなプチ不調を改善するレシピが勢ぞろい。また、知っているとちょっといい、薬膳の知識もわかりやすく解説。今日から取り入れたい食の知恵とアイディアがたっぷり詰まった一冊です。

定価 1,078円（本体980円＋税10%）